U0139572

晚唐诗才李商隐的中国文人式传奇

深情绵邈如同"夜月一帘幽梦"

缠绵悱恻恰似"春风十里柔情"

张觅——著

高校教师、才女作家张觅倾情奉献

以诗人一生为经：解读风起云涌的大唐历史

以经典诗歌为纬：探寻瑰丽诗谜的诗风诗貌

沧海月明珠有泪

——李商隐诗传

天津出版传媒集团

百花文艺出版社

图书在版编目（CIP）数据

沧海月明珠有泪：李商隐诗传 / 张觅著. —— 天津：
百花文艺出版社，2023.6
ISBN 978-7-5306-8576-1

Ⅰ.①沧… Ⅱ.①张… Ⅲ.①李商隐（812-约858）
-传记 Ⅳ.①K825.6

中国国家版本馆 CIP 数据核字（2023）第 080662 号

沧海月明珠有泪：李商隐诗传
CANGHAI YUEMING ZHUYOULEI LI SHANGYIN SHIZHUAN
张觅　著

选题策划：王　欣
责任编辑：李　信　　装帧设计：云上雅集
出版发行：百花文艺出版社
地址：天津市和平区西康路 35 号　邮编：300051
电话传真：+86-22-23332651 （发行部）
　　　　　+86-22-23332656 （总编室）
　　　　　+86-22-23332478 （邮购部）
网址：http://www.baihuawenyi.com
印刷：长沙市精宏印务有限公司
开本：710 毫米×1000 毫米　　1/16
字数：170 千字
印张：16.5
版次：2023 年 6 月第 1 版
印次：2023 年 6 月第 1 次印刷
定价：79.00 元

目录
Contents

李商隐·《江南曲》

郎船安两桨，侬舸动双桡。扫黛开宫额，裁裙约楚腰。

乖期方积思，临醉欲拼娇。莫以采菱唱，欲羡秦台箫。

锦瑟年华｜昔年曾是江南客

唐宪宗元和六年（811年）的某一天，河北道怀州府辖下的获嘉县（今河南获嘉）县令李嗣急匆匆地处理完公务，就往家里赶。就在刚刚，他得到了一个消息，夫人已经腹痛不止，临产了。

李嗣膝下已经有了两个女儿，大女儿到了及笄之年，许配了人家，二女儿也已是豆蔻年华，生得娉婷可爱，但他却一直没有儿子。于是自妻子怀孕之后，他便急切盼望着能有个儿子降生。因此这一路上，他又是忐忑，又是欢喜，又是憧憬，心情十分复杂。

赶到家之后，他坐立不安地在妻子生产的房屋外等待着，心中默默向上天祷告。他并未等待太久。不一会儿，婢女就喜气洋洋地跑出来告诉他，夫人生了一个儿子。稳婆随即抱着婴儿出来贺喜。果然天遂人愿。李嗣欣喜若狂，赶紧从稳婆手中接过儿子，去看夫人。疲惫不堪的夫人也面露微笑，颇感安慰。

夫妻俩中年得子，自然将之视若珍宝。看着褓褓之中的婴儿一双点漆般的明亮眼睛，李嗣断定这一定是个极聪明灵慧的孩子。于是，他给儿子取名商隐，取字义山。名和字都寄托了一位郁郁不得志的父亲对儿子的殷切期望。

"商隐"，即"商山隐者"。汉初商山有四位信奉黄老之学的著名隐士，号为"商山四皓"。他们本是秦始皇时七十名博士官中的四位，一叫作东园公，一叫作夏黄公，一叫作绮里季，一叫作甪里先生，博学多才，天下闻名，后为避秦时战乱而隐居山中。汉高祖刘邦曾慕名而来，想请他们出山为官，彼时四人都已八十多岁，眉皓发白，故称"四皓"。四皓婉言谢绝了高祖的邀请，表示自己安于清贫的生活，并写下一首《紫芝歌》表明心志：

> 莫莫高山，深谷逶迤。
>
> 晔晔紫芝，可以疗饥。
>
> 唐虞世远，吾将何归？
>
> 驷马高盖，其忧甚大。
>
> 富贵之畏人兮，不如贫贱之肆志。

过了几年，刘邦想废掉太子刘盈，改立戚夫人之子如意。商山四皓为了天下安定，接受吕后的邀请，携手出山，辅佐太子。刘邦见到刘盈身边的商山四皓，不由得大惊失色，认为刘盈羽翼已成，只能放弃废立太子的念头。商山四皓功成身退，又飘然远去，继续隐居商山之中。他们终老山林，死后葬于商镇（陕西丹凤），名垂千古。

李嗣给儿子取这个名字，是希望儿子能像古代贤士"商山隐者"一般胸藏万卷、淡泊名利，关键时刻又能力挽狂澜，名垂千古。给他取字"义山"，则是希望他能怀着一颗入世之心，多行义事。

作为诗人，李商隐没有辜负父亲的期望，他果然成了后来辉映唐代诗坛的一代名家，尤以爱情诗《无题》闻名于世、流传千古。作为晚唐最出色的诗人之一，他和杜牧合称"小李杜"，与温庭筠合称为"温李"，清人吴乔也评价他是继李白、杜甫之后自成一家的大诗人："于李、杜后，能别开生路，自成一家者，唯李义山一人。"清人叶燮评说："李商隐七绝，寄托深而措辞婉，可空百代。"李商隐诗歌最大的特色是寄托遥深而措辞幽婉，堪称晚唐绝唱，后代诗人之中几乎无人能及。

只是，在政治上，他却无法望商山四皓之项背了。他这一生，沉浮于牛李党争之中，辗转于各个幕府之间，始终无法像四皓一样，进可力挽狂澜，退而潇洒不羁，生活上颠沛流离、困顿不堪，"远从桂海，来返玉京，无文通半亩之田，乏元亮数间之属"。他虽然是极其杰出的诗人，但在仕途上只是个无法施展抱负、始终没有舞台的幕府文墨官吏而已。

李商隐写过两首关于商山四皓的诗，都是抒发自己郁郁不得志的苦楚。这就是他二十六岁时所写的《四皓庙》，叹息"皇天有运我无时"：

> 羽翼殊勋弃若遗，皇天有运我无时。
>
> 庙前便接山门路，不长青松长紫芝。

本为留侯慕赤松，汉庭方识紫芝翁。

萧何只解追韩信，岂得虚当第一功。

　　李商隐所处的这个时代，是宦官当权、藩镇割据的晚唐时期，曾经万国来朝的盛世大唐已是风雨飘摇。然而因为唐宪宗关心国政，治国有方，"读列圣实录，见贞观、开元故事，竦慕不能释卷"，效法"太宗之创业""玄宗之治理"，任用贤臣李绛为宰相，平定藩镇叛乱，使得"中外咸理，纪律再张"，晚唐出现了"元和中兴"，但这短暂的复兴和繁华不过昙花一现，很快又归于寂灭。宪宗不久后就去世了，后世的皇帝在位掌权时间都不长久。仅李商隐的一生，就经历了六任皇帝，五次换代，宪宗之后，穆宗继位，再之后是敬宗、文宗、武宗、宣宗。

　　李商隐所出生的李家，虽然算起来也是李唐宗室的远亲，但是却家道中落，清贫无依。他曾因自己为皇室后裔而自豪，常在诗歌和文章中数次申明自己的皇族宗室身份，但这远亲身份并未给他或者家族带来任何好处。他的高祖李涉仕途止步美原（治今陕西富平西北）县令，曾祖李叔恒十九岁中进士，曾与彭城刘长卿、虚清河张楚金齐名，但可惜二十九岁就去世了，仕途也就止步于安阳令，祖父李俌曾任邢州（治今河北邢台）录事参军令。父亲李嗣在他出生之时，也只是担任了一个县令而已。可谓是"宗绪衰微，簪缨殆歇"。

　　李商隐一岁之后，弟弟羲叟出生，父亲又多了一个儿子，但是与此同时，家中长姐却病重垂危。这位姐姐温柔和善，聪明伶俐，能识文断字，也善针织女红，早早地便许配给了河东裴允元，后来李商隐称之为"裴氏姐"。不知道什么原因，在过门之前，裴氏姐就得了奇怪的病，而且越来越沉重。元和七年（812年），裴氏姐便因病去世了。

这时李商隐才一岁多，仅能"扶床记面"，但姐姐青春早夭还是在他的心灵上留下了印记。三十多年后，李商隐还为这位早逝的姐姐写了祭文。白发人送黑发人，父亲李嗣满怀悲哀地将女儿下葬。也许是为了远离伤心之地，也许是为了生计着想，李嗣接受了浙江某节度使的聘请，带着一家老小，动身前往浙江担任幕僚。

李商隐及家人在浙江度过了一段相对平静幸福的生活。父亲对长子李商隐寄予了厚望，悉心教导他读书，言传身教，完成了他的启蒙教育。他发现儿子闻一知十，一点即透，"五岁诵经书，七岁弄笔砚"，小小年纪便表现出特别的颖慧来，心中越发惊喜和安慰，于是便更加用心培育。

母亲在这段时间又生了三个弟弟、一个妹妹，李家也更加热闹起来。这期间李商隐的二姐也出嫁到了徐氏人家，这位姐姐李商隐后来称之为徐氏姐。父母都走出了丧女的阴霾，脸上多了笑容。

"杏花烟雨江南"，江南风景旖旎如画，柔润温软，花香草气熏得游人醉，即使是下雨也是沾衣不湿的杏花雨，吹风也是拂面不寒的杨柳风。连人开口说话，都是婉转动听的吴侬软语。如果人间也有仙境，那就是江南的样子吧，因此有云："上有天堂，下有苏杭"。李商隐就曾读过当时已经是名满天下的大诗人白居易的《忆江南》：

江南好，风景旧曾谙。日出江花红胜火，春来江水绿如蓝。

能不忆江南？

江南忆，最忆是杭州。山寺月中寻桂子，郡亭枕上看潮头。

何日更重游！

江南忆，其次忆吴宫。吴酒一杯春竹叶，吴娃双舞醉芙蓉。

早晚复相逢！

江南山明水秀，春来花儿嫣红胜火，江水绿如蓝草，秋来月下馥郁桂子，钱塘江涌动潮流，无不令人心醉神迷。何况还有带来春意的醉人美酒，以及面若芙蓉的灵秀女子。后来晚唐词人韦庄也曾写："春水碧于天，画船听雨眠。垆边人似月，皓腕凝霜雪。"被诗人词人歌咏了千年的江南，早已成了一个文化符号。一提起江南就会涌起诸多美好的诗境意象。

年幼的李商隐陶醉在这无比温软恬静的江南美景之中。雨过天晴，小桥流水，三秋桂子，十里荷花……这些梦一般的优美景致投射在他的心灵，使得他的性格更加细腻敏感。迷蒙的江南烟雨滋润了他的灵魂，使他后来的作品也呈现出扑朔迷离、烟水氤氲之美。他诗歌中瑰美幽微的审美特质，都与童年的江南印象不无关系。

后来李商隐还曾写过一首颇有民歌风味的《江南曲》，描写男女双方相恋，乘舟相会之事。此诗用语浅近，音律和谐，末句则用了弄玉吹箫、萧史乘龙之典故。诗中令人印象深刻的，除了旖旎婉转的水乡风情，就是那水上一叶小舟上淡扫黛眉、纤腰长裙的江南少女：

郎船安两桨，侬舸动双桡。扫黛开宫额，裁裙约楚腰。

乖期方积思，临醉欲拼娇。莫以采菱唱，欲羡秦台箫。

后来，在宦海沉浮、历经沧桑之后，李商隐写了一首《出关宿盘豆馆对丛芦有感》，感叹自己"昔年曾是江南客"：

芦叶梢梢夏景深，邮亭暂欲洒尘襟。昔年曾是江南客，此日初为关外心。

思子台边风自急，玉娘湖上月应沉。清声不远行人去，一世荒城伴夜砧。

在江南的童年时光，是他一生的好日子，锦瑟年华在江南度过，这一生便有了江南的印记。如果日子能继续这样下去，李商隐就能有一个平顺温柔的童年，但可惜，命运往往弄人。

父亲李嗣为了一家老小的生计，更加拼命地工作，在幕僚生涯中终于得到了殿中侍御史的头衔。这是个从六品的官衔，李嗣总算比他的父辈的七品官位往前进了一步，但是他年龄已然不轻，繁杂琐碎的幕僚事务大大损害了他的健康，透支了他的生命。李嗣似乎隐约感到自己支撑不住了，但是一家老小还要靠他养活，于是咬咬牙，还要继续支撑下去。

长庆元年（821年），李嗣因病而逝。这位筋疲力尽的父亲终于疲惫地闭上了双眼。他的去世让这个向来和美温馨的家庭蒙上了一层浓重的阴影。

　　这时，李商隐大约八九岁年纪。他还不到十岁，只是个小小幼童，却要承受着这巨大的悲哀，而且，他还要强忍着内心的悲伤，安抚体弱多病的母亲和幼小无知的弟妹们。

　　仿佛在一夜之间，他的童年便结束了。

李商隐·《端居》

远书归梦两悠悠，只有空床敌素秋。

阶下青苔与红树，雨中寥落月中愁。

年少失父｜雨中寥落月中愁

　　父亲去世之后，李商隐一家在异乡的生活无以为继，于是母亲便带着他和弟妹们扶着父亲的灵柩返回家乡河南，一路上孤儿寡母自然颠沛流离，历经艰辛。后来李商隐回忆这段时光，凄然说道："四海无可归之地，九族无可依之亲。"

　　按照唐代的风俗，父母去世后子女要守孝三年，这三年之内不能工作，不能娶亲。回到家中之后，又因为没有生活来源，一家人要靠父亲之前留下的微薄积蓄和亲戚朋友的周济勉强度日。母亲含辛茹苦地抚育儿女，日子过得十分艰难。李商隐不过八九岁年龄，却非常懂事，因守孝不能帮助母亲养家，心中难过，暗暗决定，等到三年之后，一定要为母亲分忧。

　　时光匆匆，三年过去了，李商隐已经长成为一个十二三岁的少年。他年龄尚幼，不过因为是长子，便毅然像一个大人一样全力担负起养家的责任。

　　李商隐这时同时找了两份工作，"佣书贩舂"，既为别人抄书又舂米卖谷，以贴补家用。隋唐之际已经发明了雕版印刷术，但雕版印刷术还不流行，因此当时的人们保存书籍还更多地采用抄写的方法。李商隐写得一手秀丽的好字，于是就靠这手好字，李商隐替大户人家抄书。小小少年郎，每日端坐在窗下，执笔临卷，稚气的脸上是与年龄完全不相符的凝重与专注。只要想起家中嗷嗷待哺的弟妹，他再累也拼命咬牙坚持下去。

当然，抄书对他来说也不仅仅是个苦差，对他后来的文学成就不无裨益。他所抄之书很多都是经典典籍，在一遍又一遍抄书的过程中，他也对很多典籍越发烂熟于心。

与抄书比起来，舂米则是一件纯体力活。通俗地说就是用棒槌砸谷子，把打下的谷子去壳的过程，舂出来的壳就是米糠，剩下的米粒就是白米。文弱的小书生干起体力活来，也是仔细而认真。正因为他这些累活脏活也干得很出色，因此聘请他的人不少，他在这家舂完米，很快又去下一家继续舂米。当李商隐用生满老茧的稚嫩双手从雇主那边接到报酬的时候，因满心喜悦而很快忘记疲累，然后小心翼翼地揣着这些浸满汗水的钱物向家跑去。

就这样，李商隐凭着两项绝不轻松的工作，终于能勉强养家了。在后来他所作的《祭裴氏姊文》中，他这样写到当时的情况："既衬故邱，便同逋骇，生人穷困，闻见所无。及衣裳外除，旨甘是急。乃占数东甸，佣书贩舂，日就月将，渐立门构。"

少年李商隐始终在通过自己的努力，让家里的生活能够过得好一些。虽然工作很辛苦，但他心中却比之前轻松愉快了不少。母亲不用再东奔西跑地借粮，不用再看别人的脸色，也不用再仰人鼻息。虽然手腕因抄书而酸痛，肩背因春米而劳累，但是只要看到母亲和弟妹们的笑容，李商隐便又充满了力量。他此时更深刻地感受到了父亲养家的不易，他决定一定要奔个好前程，以慰父亲在天之灵。因此，每日佣书贩春之余，他见缝插针，更加用心勤奋地读书。

此时的李商隐还不知道，他固然按照他的想法，因过人的天赋与后天的努力，拼得了一身的才华，并因此名扬天下，却依然像他的父亲一样郁郁不得志，而且，他中年时也不得不像他的父亲一样，万般不舍地抛下一对年幼的儿女，心力交瘁地寂寞死去。但是，这个时候，他还非常年轻，如小荷刚刚出水，如嫩笋初初冒芽，他的眼眸里还闪着星星一般的光芒，全身都充满着用不完的精力。他踌躇满志地相信，一定可以凭自己的才华，闯出一番崭新的天地，让家人过上好日子，不再挨冻受饿。

生活的艰辛与磨难让李商隐对功名充满了渴望，作为有着贵族血统的寒门子弟，他希望自己能凭借才学一飞冲天，可以养活全家，光耀门楣，亦可以为国为民，兼济天下。同样年龄的孩子，还呼朋唤友，调皮捣蛋，而李商隐却小大人一般沉稳安静，严于律己。他不仅要念书学习，还要贴补家用。贫寒的家境和父亲的逝世让他过早地品尝到了人生的苦难，也过早地承担起家庭的责任，这深深影响了他的性格与气质的形成，他的内心越发敏感细腻，忧郁感伤。而这些都反映到了他后来的诗文之中，为他的作品浸润了一层哀感顽艳的色彩。

多年之后，李商隐迫于生计，远赴桂林做幕僚。他是极恋家的人，然而为了家人，他却不得不一次又一次远走天涯。一天夜里，他独自睡卧在床上，心中思念着家乡，盼望着家人的来信。秋意瑟瑟，台阶下生满了青苔，而红叶更是在一片冷色之中如同燃烧着的火焰。夜晚下起了一阵飒飒秋雨，滴滴雨声让人更觉得寥落。雨后月亮又斜斜升起了，投洒着凄清的淡淡月光。李商隐惆怅之余，写下一首《端居》：

> 远书归梦两悠悠，只有空床敌素秋。
> 阶下青苔与红树，雨中寥落月中愁。

他这一生，似乎一直在不断地努力，却也一直在不断地失落。他心中难言的惆怅与凄凉，也许只有这句"雨中寥落月中愁"可以诠释。

李商隐幼时虽然没有了父亲，但是幸运地遇到了一位满腹诗书的堂叔父，堂叔父代替了父亲，继续对李商隐进行培养和教育。这位堂叔父曾上过太学，太学是唐代的最高学府，可见他青年时也是极优秀的人物。可是他并没有出仕做官，终生隐居乡间，李商隐很敬重他，称他为处士叔。处士是古代对有德才而隐居不仕之人的尊称。

这位李处士天资聪颖，又异常勤奋，十八岁时便已能"通五经"，即"大经皆通，余经各一，《孝经》《论语》皆兼通之。"他本可通过科举考试走上仕途，但是却因为父亲重病，不得不退学在家照料父亲。这一照料就是整整二十年，直到父亲去世。在他的父亲去世之后，李处士的青春也耗完了，他索性隐居乡间，准备读书终老。

李处士淡泊名利，虽然以"孝道"博得大名，但是他从未想过要靠这样的名声去博个官职，依然深居简出，闭门谢客。有一次他经过徐州，当时的武宁军节度使王智兴听说过他的名声，隆重接待了他，并打算给他官职，他立刻推辞了，继续回乡隐居。

李处士满腹经纶，在经学、古文、书法方面都颇有造诣，因此他便将这些知识及心得悉心教授本家子弟。李商隐和弟弟羲叟以及堂弟李宣岳等都在李处士那里学习过。李处士对李商隐这个聪明过人的侄子非常器重，倾囊相授。于是，李商隐在处士叔的教导下作得一手好文章。因为李处士厌恶骈文的缘故，李商隐"能为古文，不喜偶对"，喜欢作朴拙古雅的古文，不会作辞藻华丽的骈文。骈文，又称"四六体"，讲究对仗，讲究辞藻，当时的科举应试和公文写作，仍以骈文为主。

李处士清高骄傲、不事权贵的性格与作风也深深地影响了李商隐。李处士是典型的隐士，任性而为，自由散漫，丝毫不圆滑，只适合出世，不适合入世。李商隐则是需要入世去创下一番事业的，这种性格绝对不适合官场。这也使得李商隐后来入仕之后历经波折与磨难。

大约到了十五岁，家人希望李商隐去玉阳山学道。心无旁骛的李商隐欣然前往，在山中找了一个道观静修。他认为，深山老林是个幽静的适合静心读书学习的好地方。然而，在那里，他却邂逅了一段梦幻般的爱情。这段爱情，促使他开始写下诗谜般的无题诗。

就是在玉阳山，他遇到了玉真公主的侍女、女道士宋华阳。这是出现在他生命中的第一个女子。

李商隐·《玉山》

玉山高与阆风齐，玉水清流不贮泥。

何处更求回日驭，此中兼有上天梯。

珠容百斛龙休睡，桐拂千寻凤要栖。

闻道神仙有才子，赤箫吹罢好相携。

华阳学道 | 神女生涯原是梦

　　唐朝崇尚道教，供奉老子，唐朝历代皇帝对道家都十分推崇，着力扶持。道教自东汉创立后，至唐朝进入了兴盛时期，被列为三教之首。

　　道家始祖李聃姓李，唐朝皇帝也姓李，于是唐高祖李渊便在神角山上塑太上老君李聃像，李唐皇室自认为是太上老君的后代，是"神仙之苗裔"，并尊道家为国教。当时士人学仙修道也是一时风尚。初唐四杰之一的王勃叹息自己"在流俗而嗜烟霞，恨林泉不比德而稽阮不同时"，并说"吾之有生二十载矣，雅厌城阙，酷嗜江海，常学仙经，博涉道记"，同为四杰之一的卢照邻也"学道于东龙门精舍"，诗仙李白也是"五岁诵《六甲》""十五游神仙"，可见当时学道风气之浓郁。

　　作为李唐皇族远亲的李商隐，自然也是道教的追随者，在十五岁那年，他进入玉阳山学道。

　　玉阳山位于现在的河南省济源市境内，玉阳山有东西对峙的两座山峰，其上各有一座道观，东玉阳山叫灵都观，西玉阳山叫清都观。灵都观是唐玄宗为其胞妹玉真公主赐建的大型建筑群。当时唐代的公主修道的很多，据统计，唐代至少有十九位公主曾入山修道，包括玉真公主和她的姐姐金仙公主。

玉真公主是武则天的孙女，唐睿宗和昭成顺圣皇后窦德妃之女，唐玄宗同母妹。玉真公主的母亲窦德妃因宫廷斗争被武则天赐死，那时玉真公主还不过两三岁的年龄。后来玉真公主见到哥哥唐玄宗与姑姑太平公主争权夺利，太平公主被杀。同室操戈，相煎何急。玉真公主见多了这些血腥无情的斗争，只想远离宫廷斗争，远离复杂人事。

从十多岁开始，她就开始慕仙学道，并禀告哥哥唐玄宗说"请入数百家之产，延十年之命"，她放弃富贵生活，只求能延年益寿。后来她便进玉阳山做了女道士，"缁衣顿改昔年妆"，道号"上清玄都大洞三景师"。李白曾为玉真公主写过一首飘逸绰约的《玉真仙人词》：

> 玉真之仙人，时往太华峰。清晨鸣天鼓，飙欻腾双龙。
> 弄电不辍手，行云本无踪。几时入少室，王母应相逢。

玉真公主入山，并不是孤身一人。她还带了大批宫女随侍，一同修道。其中就有一位侍女，名字叫作宋华阳，随玉真公主一起上山，住在玉阳山之西峰的灵都观里。

这些绮年玉貌的宫女，穿着女冠的清修服装，走在山路上，自然便成了曼妙的风景。宽大的道袍无法锁住她们青春的美丽，反而更增加了迷人的风情与朦胧的诱惑。

唐代思想开明，女冠并不是清心寡欲，女冠的身份也不会对女子有什么束缚。相反，有太多香艳旖旎的故事在女冠身上产生。如唐代著名女诗人鱼玄机，她著有诗集一卷，苏雪林考证"虽仅寥寥三十余篇，而半为艳情之作"。她也是一位风流不羁的女道士，在道观外贴有"咸宜观诗文候教"，引来不少文人雅士，当然也有浪荡公子。最后她却因争风吃醋失手打死侍女绿翘而被判死刑。再比如唐代另外两位著名女诗人李冶、薛涛，也都是与男诗人有频繁往来和大量唱和的女道士。就连玉真公主本人，与大诗人李白、王维都有着说不清楚的关联。李白和王维这两位当世大诗人竟没有一首相互题赠的诗，后人八卦地猜想是因为玉真公主的缘故。

玉阳山幽静安宁，袅袅然如有仙气，道观中的步虚曲也让人不由得有一种远离尘世之感。李商隐曾经作有一首颇有仙风道骨的《玉山》：

玉山高与阆风齐，玉水清流不贮泥。何处更求回日驭，此中兼有上天梯。

珠容百斛龙休睡，桐拂千寻凤要栖。闻道神仙有才子，赤箫吹罢好相携。

起初学道时，李商隐极为专注认真，每天都是手不释卷地钻研道经。自幼良好的家教、贫寒的家境让他做什么事情都是聚精会神、全力以赴，何况又是在如此幽静的玉阳山上，没有了任何生活琐事的干扰。不久，他就对道家经典熟极而流，对道家的许多典故由来也可以如数家珍、信手拈来。

这段经历对他诗歌创作的影响是，他从此喜爱用各种道家典故，不着痕迹地融入诗句。他的许多用句和隐喻都是源出于《道藏》，这给他的诗蒙上了一层影影绰绰、缥缈如仙的感觉，但也让其晦涩难懂，更增加了破解诗谜的难度。彼时他作有《戊辰会静中出贻同志二十韵》，诗中广泛运用各种道家典故，一般人难以看懂：

大道谅无外，会越自登真。丹元子何索，在己莫问邻。

蒨璨玉琳华，翱翔九真君。戏掷万里火，聊召六甲旬。

瑶简被灵诰，持符开七门。金铃摄群魔，绛节何妣妣。

吟弄东海若，笑倚扶桑春。三山诚迥视，九州扬一尘。

我本玄元胄，禀华由上津。中迷鬼道乐，沉为下土民。

托质属太阴，炼形复为人。誓将覆宫泽，安此真与神。

龟山有慰荐，南真为弥纶。玉管会玄圃，火枣承天姻。

科车遏故气，侍香传灵氛。飘飘被青霓，婀娜佩紫纹。

林洞何其微，下仙不与群。丹泥因未控，万劫犹逡巡。

荆芜既以薙，舟壑永无湮。相期保妙命，腾景侍帝宸。

某一天傍晚，潜心学道的少年李商隐在山下的小径里缓缓而行。此时，他心中是难得的轻松和惬意。清风吹鬓，绿萝拂衣，在敏感多情的诗人看来，似乎万物都对他含着缱绻的情意，他心中禁不住又在酝酿着诗情。这也算是他少年生活中最轻松的日子了。小小年纪的他总是那么忙碌，天天都在佣书贩春、照顾弟妹，终于有了这么一段宁静恬然的读书时光。

李商隐仰起头看着天边，此时正是黄昏，西天的彩霞如同锦缎一般绚烂。眼前的山径一直仿佛绵延到了天尽头，一直绵延到了彩霞之中，让他错觉，沿着这山路一直走下去，可以走到那天边的彩霞中去，走到一个更加美好辉煌的世界里去。他忘情地赞叹着，眼前的一切均是光辉灿烂，让人有一种想要流泪的感动。

就在这时，李商隐忽然听到马的嘶鸣之声从身后传来，同时还有车轮滚滚的声音，顿时将他从幻想中拉了回来。他急忙转头，原来，是一辆用黑白相间毛色的骏马拉着的马车行来了。那马车遍体雕花，四角还垂着金黄流苏，看上去非常精致，一望便知车中之人并非寻常人物。他于是微微侧身避让，让马车经过。因马车实在漂亮，他不禁多看了一眼。

就在这时，车上的帘布忽然被一只纤纤素手打开，一双秋水般的明眸向外望去，正好与李商隐的目光相接。他忽然呆了——他从未见过如此清丽绝俗的女子！不，她不仅仅是清丽绝俗，她的气质之中还有一种说不出的疏离与冷漠，但这疏离与冷漠却让她显得更加美貌，仿佛不食人间烟火的月宫仙子。

这些天沉浸道家著作，李商隐自然而然地想起了道家神话中的诸多仙子，一时间，不禁恍惚出神，眼前的女子在夕阳瑰丽的光线之中，仿佛通身放射着光芒。他难道，是真的遇上仙子了吗？

那车中女子不过是偶然看了一眼车外，也瞥见了在山野路边发呆的俊秀少年，微微一笑，很快就放下了帘布，但是这一眼，却教他目眩神迷，刻骨铭心。少年人的爱情，永远是最容易萌发的。

马车摇摇地经过了他身边，又摇摇地驶向远方，仿佛要走进那霞光中去。绚烂霞光照耀在马车上，让它宛若也披了一层锦衣。李商隐一动不动地站在路边，目送着那马车远去，一直到它最后一点影子也消失在山路之中。他心中怅然若失，仿佛遗失了什么，又仿佛找到了什么。

马车已经行得远了，而少年李商隐依然站在原地，心潮起伏不已。空气中似乎还留有那女子的芬芳气息。待到太阳落山，晚霞收起它最后的瑰光，他才恋恋不舍地离开。

那晚，他笔下流淌出一首《无题》：

白道萦回入暮霞，斑骓嘶断七香车。

春风自共何人笑，枉破阳城十万家。

那春风一般美好的女子，会是和谁一起欢笑呢？她嫣然一笑，会让阳城中众多为她而倾心的男子们也为之欢喜，但不知道，她的笑容从来不是为他们而发的。

在诗里，李商隐用了一个典故，宋玉《登徒子好色赋》中的"惑阳城、迷下蔡"。宋玉曾说，东邻有一个暗恋他的少女，生得美貌绝伦："天下之佳人，莫若楚国；楚国之丽者，莫若臣里；臣里之美者，莫若臣东家之子。东家之子，增之一分则太长，减之一分则太短；著粉则太白，施朱则太赤。眉如翠羽，肌如白雪，腰如束素，齿如含贝。嫣然一笑，惑阳城，迷下蔡。"李商隐把偶遇的车中女子比作了宋玉笔下以美貌闻名的"东家之子"。他亦希望，那笑容是她只为他而发。

写完之后，他意犹未尽，又作下《无题二首》，写的就是山中与马车相逢的瞬间：

凤尾香罗薄几重，碧文圆顶夜深缝。

扇裁月魄羞难掩，车走雷声语未通。

曾是寂寥金烬暗，断无消息石榴红。

斑骓只系垂杨岸，何处西南任好风。

后来，李商隐多方打听才知道，这个偶遇的车中女子，就是玉真公主的侍女宋华阳。她便如传说中的神女一般，飘飘然欲乘风而去。年轻的李商隐从此心旌摇曳。

思念之余，他又作了一首《无题》：

重帏深下莫愁堂，卧后清宵细细长。

神女生涯原是梦，小姑居处本无郎。

风波不信菱枝弱，月露谁教桂叶香。

直道相思了无益，未妨惆怅是清狂。

    这首诗用了两个典故，一是宋玉《神女赋》中楚襄王梦见与巫山上的神女缱绻欢好之事，自然是李商隐希望那位神女般的宋华阳能够垂青自己；二是乐府《神弦歌·清溪小姑曲》中的诗句"开门白水，侧近桥梁。小姑所居，独处无郎"，他在猜想，那车中女子会不会也是孤寂着，盼望着有一个人来到她身边。最后他说"直道相思了无益，未妨惆怅是清狂"，明知道相思无用，也要痴情到底，即使落个惆怅终生的清狂又如何呢！

李商隐·《寄永道士》

共上云山独下迟，阳台白道细如丝。

君今并倚三珠树，不记人间落叶时！

瑰艳之恋｜星沉海底当窗见

　　美丽的少女，也会迷恋上多情的诗人。关于这段恋情的细节我们无从知道，只是从李商隐的无题诗中猜测。李商隐多方打听，终于找到了那车中女子，得知她的名字叫作宋华阳，是玉真公主的侍女。少年青涩懵懂，锲而不舍的追求终于打动了美丽的宋华阳，他们偷偷相恋了。唐代本来就是格外的开放与大胆。

　　幽幽深山里，天地星辰，草木鱼虫，一切皆是自由舒展，任由爱情与欲念悄然滋生萌发，与这天地万物合为一体。李商隐恍惚间感受到了生命的大和谐与大圆满。这是从未有过的美妙体验，飘飘然如登仙境，如返故乡。

　　孤苦少年啜饮着这爱之琼浆，他仿佛迷失在桃源深处的渔人，忘路之远近，满目只见芳草鲜美，落英缤纷，满心只沉浸在这朝霞般绮丽的爱情之中。

　　他们如何相识相知又相恋的经历，我们也同样不得而知。李商隐在诗中更多的是沉醉描述这段恋情给予他的唯美感受，而略去了他们相处的种种细枝末节。她仿佛天上坠落人间的神女，如此美秀，如此高贵，又如此神秘。他不知道她什么时候会来，也不知道她什么时候会走，她对他来说，仿佛是一个谜。

生命如此美好，爱情如此，他怎能不诗情奔涌？于是，又有大量瑰美幽艳的无题诗作于此时，他把这个美丽的谜写进了他的诗里，深情绵邈、哀感幽伤。

比如这首《无题》：

相见时难别亦难，东风无力百花残。

春蚕到死丝方尽，蜡炬成灰泪始干。

晓镜但愁云鬓改，夜吟应觉月光寒。

蓬山此去无多路，青鸟殷勤为探看。

此诗一开篇，李商隐便叹息"相见时难别亦难"，想要见上一面，竟是如此的艰难呀，而分离的时候，更是难舍难分。何况又是这种春风柔软、百花凋落的暮春天气，让人的心越发惆怅。"春蚕到死丝方尽，蜡炬成灰泪始干"是他的千古名句，亦是他对爱情真挚而又炽热的表白。春蚕到死时丝才吐完，蜡烛燃尽成灰烛泪才会干，他对她的爱，也是绵绵不绝，至死方休。他晨起照镜，忧愁今日的容颜因忧愁而老于昨晚，夜晚他月下吟诗，因思念而觉冷意侵人。心上人就如同仙女一般住在蓬莱山上，仿佛近在咫尺，又仿佛远在天涯，他希望能有一位青鸟一般的使者，能帮他去探望他的心上人。诗中的蓬山就是蓬莱山，传说中的海上仙山。青鸟则是神话中为西王母传递音讯的信使。这首诗里，萦绕着极缠绵悱恻的思念，又因神话典故的加入而更增了一丝神秘和瑰艳。

最开始时，他迷恋于她的美，然而却还没有得到她的回应，他心中惆怅徘徊。这首《无题》，就是写他那种"辗转反侧、寤寐求之"的少年人恋爱之心理：

> 紫府仙人号宝灯，云浆未饮结成冰。
> 如何雪月交光夜，更在瑶台十二层。

紫府仙人自然是指他迷恋的宋华阳，如仙子一般的女道士。云浆即仙酒。《太平广记》卷二六引："青童引我，饮以云浆。"云浆未饮，暗喻两情未谐，"雪月交光夜"，月下初雪，雪映盈月，晶莹剔透，"更在瑶台十二层"，则是叹息他和她是距离如此之远。

李商隐把这份恋爱中的惆怅和忧伤雕琢得如此精致剔透。《岁寒堂诗话》说"义山多奇趣"，的确如此，再平淡无奇的题材，到了李商隐的笔下，都能泛出瑰奇新艳之意。

他这段时间，写得最为精致婉转又瑰艳唯美的，莫过于《碧城》三首，此时他和宋华阳已经恋爱，而这三首诗也成了他最为难懂的诗篇，清代姚培谦认为是"君门难进之词"（《李义山诗集笺》）：

碧城十二曲阑干，犀辟尘埃玉辟寒。

阆苑有书多附鹤，女床无树不栖鸾。

星沉海底当窗见，雨过河源隔座看。

若是晓珠明又定，一生长对水晶盘。

"碧城十二曲阑干，犀辟尘埃玉辟寒。"道教认为碧城为元始天尊之所居，这里指仙人居所。《太平御览》卷六七四引《上清经》："元始天尊居紫云之胭，碧霞为城。""十二"则是指曲折之多。心爱的女子，便如仙女一般，住在碧城之中，楼中栏杆多而曲折，仿佛他和她之间的距离。她戴着纤尘不染的犀角簪，佩戴着温暖柔润的玉佩。

"阆苑有书多附鹤，女床无树不栖鸾。"仙女们所在的阆苑仙山，传送书信多用高贵的仙鹤，而女床山上的树上都栖宿着美丽的鸾凤。"星沉海底当窗见，雨过河源隔座看"也是李商隐的名句，极亮丽瑰艳。他和心爱女子相会之时，两人并肩看着窗外的星星渐渐沉入碧海之中。银河之上，忽然洒过了一阵飒飒细雨。原来是天快亮了，太阳要升起了，而他和她的幽会时间也结束了。

"若是晓珠明又定，一生长对水晶盘。"如果晨露永远这样闪闪烁烁的明亮，不被初升的太阳晒干，那么，他宁愿一生都只对着一轮皎皎明月，一生都和她在一起。

对影闻声已可怜，玉池荷叶正田田。

不逢萧史休回首，莫见洪崖又拍肩。

紫凤放娇衔楚佩，赤鳞狂舞拨湘弦。

鄂君怅望舟中夜，绣被焚香独自眠。

　　"对影闻声已可怜，玉池荷叶正田田。"她的倩影，她的声音，都让他心中浮起爱意，她如同玉阳山下玉溪中的田田荷叶一般清新可人。

　　"不逢萧史休回首，莫见洪崖又拍肩。"如果不是遇到萧史一般的潇洒才俊，她才不会回头留情，她也绝不会见异思迁，见到道友洪崖便忘了自己。这里"萧史""洪崖"分别是两则典故。萧史是传说中秦穆公女儿弄玉的夫君，《列仙传》中云："萧史者，善吹箫。穆公有女弄玉好之，公遂以女妻焉。日教弄玉作凤鸣。"洪崖指仙人，郭璞《游仙诗》中道："左挹浮丘袖，右拍洪崖肩。"这里是说自己相信心上人也和自己一般深情且专情。

　　"紫凤放娇衔楚佩，赤鳞狂舞拨湘弦。"紫凤是传说中之神鸟，这里指心上人。楚佩指定情之物。《列仙传》载："郑交甫见江妃二女而悦之。郑致辞，请其佩，女遂解以赠之。"赤鳞是指鳞片赤色之鱼，亦指赤龙。湘弦则是典出《楚辞·远游》："使湘灵鼓瑟兮。"湘灵即娥皇、女英。这句是说她含羞递给自己定情信物，而自己则喜不自禁，向她表明坚定忠贞之意。两人柔情缱绻，自不消说。

　　"鄂君怅望舟中夜，绣被焚香独自眠。""鄂君"典出《说苑》："鄂君子皙之泛舟于新波之中也……越人拥楫而歌曰：'今夕何夕兮，搴舟中流。今日何日兮，得与王子同舟。蒙羞被好兮，不訾诟耻。心几烦而不绝兮，得知王子。山有木兮木有枝，心悦君兮君不知。’于是鄂君乃揄修袂，行而拥之，举绣被而覆之。"这句是李商隐以鄂君自喻，他独自在舟中惆怅着，夜色之中，心潮起伏，慢慢回味着和她相处的每一个细节。她虽然已经离去了，但是绣被仍在，香气仍留，他静静焚香，然而睡下，心中却因相思而失眠。

> 七夕来时先有期，洞房帘箔至今垂。
>
> 玉轮顾兔初生魄，铁网珊瑚未有枝。
>
> 检与神方教驻景，收将凤纸写相思。
>
> 武皇内传分明在，莫道人间总不知。

"七夕来时先有期，洞房帘箔至今垂。"七夕本是牛郎和织女的相会之日，这里李商隐用来指自己和心上人的幽会之期。她深闺门口处的门帘珠箔总是静静下垂，遮住了她的面貌身段，显得越发神秘。

"玉轮顾兔初生魄，铁网珊瑚未有枝。"一轮皎皎明月之中隐隐约约有玉兔的影子。收起铁网本想收获珊瑚，却收不到珊瑚枝。"检与神方教驻景，收将凤纸写相思。"选择一个仙方，让心上人服下，让她得以青春不老。暂时收起那写满相思的薄纸。

"武皇内传分明在，莫道人间总不知。"武皇内传指的是《汉武帝内传》。《汉武帝内传》又作《汉武内传》《汉武帝传》，为魏晋间士人所为，后被收入《道藏》。这本书记录的是汉武帝一生之中求仙问道的故事，特别详细地描绘了西王母下降会武帝之事，文字缛丽铺排，极有汉赋之风。那汉武帝与西王母偷偷相恋，以为无人知晓，岂知会有《汉武帝内传》传世，这人世间还有什么隐秘之事能瞒过人呢！

宋华阳还有两个姐妹也同时入山修道，陪伴公主。李商隐通过宋华阳，也认识了她的姐妹，只觉得那两个少女也如同姣花软玉一般，美得叫人移不开眼。民国才女苏雪林曾作有《玉溪诗谜》一书，认为李商隐同时爱上了宋华阳三姐妹。然而李商隐的个性并非泛爱之人，而且当时他非常年轻，对宋华阳若是一见倾心，那么同时爱上姐妹三个人的可能性很小。苏雪林觉得李商隐是风流才子，其实并非如此，彼时他只是生性温厚而又感情细腻的一个少年。

有一晚，山中月色极好，清辉如水，李商隐想前去找宋华阳姐妹一起赏月，却不得见其人，他怅然写下了《月夜重寄宋华阳姊妹》：

偷桃窃药事难兼，十二城中锁彩蟾。
应共三英同夜赏，玉楼仍是水精帘。

诗题中写明"重寄"，显然不是第一次寄给她们姐妹，邀她们一起赏月了。可惜之前的诗作已然不存。偷桃窃药是用典，十二城又是借用固定词语来指代斯人身份。应共夜赏，却只是美好愿望了，到头来水精帘隔断楼上楼下人，总是相知而不能相见。他的诗是如此之美，却又是如此扑朔迷离。

还有一些玲珑剔透的小诗，也是这个时期李商隐为宋华阳所作，如《袜》：

尝闻宓妃袜，渡水欲生尘。

好借常娥著，清秋踏月轮。

宓妃便是洛神，三国曹植笔下《洛神赋》中即有"凌波微步，罗袜生尘"之句，言洛神飘逸之姿。这首诗里，李商隐把宋华阳比作遥远月宫的嫦娥，希望她能借到洛神的罗袜，在这清秋的天空里，踏着皎洁的月轮，来到自己身边。

他还作有《房君珊瑚散》：

不见姮娥影，清秋守月轮。

月中闲杵臼，桂子捣成尘。

也似是寻找宋华阳不见的惆怅之作。在这首诗里，李商隐仍然把宋华阳比作月宫之中的嫦娥。《霜月》这首诗里所出现的青女素娥，大约就是指宋华阳还有她的姐妹：

初闻征雁已无蝉，百尺楼高水接天。

青女素娥俱耐冷，月中霜里斗婵娟。

他又作有《月夕》，怜惜她清冷单调的生活：

草下阴虫叶上霜，朱栏迢递压湖光。

兔寒蟾冷桂花白，此夜姮娥应断肠。

不知道什么原因，这段恋情戛然而止，不能再继续下去。大概是因为，他对她痴迷沉醉，而她始终对他若即若离。宋华阳陪同公主出家修道，不能行婚娶之事，他们是没有未来的。像玉真公主本人，虽然桃色绯闻极多，但是仍然一生未嫁。李商隐显然不能长期这样只恋爱不结婚，而且他在山上的修道也是暂时的，到了要离开的时候，两人只能洒泪相别。

他写有《嫦娥》一诗，这是后来他最脍炙人口的作品之一：

云母屏风烛影深，长河渐落晓星沉。

嫦娥应悔偷灵药，碧海青天夜夜心。

云母屏风上烛影渐渐暗淡，银河缓缓斜落，晨星也隐没低沉。他仰头看着那一轮明月，仿佛看到伊人倩影。那样清冷幽居的生活，会是她向往的吗？那碧海青天之中，孤独而又清冷的嫦娥，会不会后悔她曾经偷服了西王母的灵药独自升空？

他又有《银河吹笙》一首，清幽冷寂，也似是失恋之语：

怅望银河吹玉笙，楼寒院冷接平明。

重衾幽梦他年断，别树羁雌昨夜惊。

月榭故香因雨发，风帘残烛隔霜清。

不须浪作缑山意，湘瑟秦箫自有情。

　　他惆怅地望着璀璨银河独自吹笙，楼院之中阵阵冷风吹过，而天色渐渐发白。回想起昔日欢会，依然满怀温馨，但只是情缘已断，往事如风。夜晚树上雌鸟的悲鸣之声把他从梦中惊醒。月榭之旁有一朵被雨打湿的花儿，散发着迷离的香气。帘子之后，残烛跳动，仿佛经霜了一般清澈。他希望心爱的女子，不要轻易许下修道成仙的诺言，如果像湘妃、弄玉那样沉迷于爱情，也是一种幸福。

　　他终于要离开了，尽管心中充满了不舍。他从清幽宁静的玉阳山下来，又回到了熙攘热闹的万丈红尘之中。他回想这段生活，如同做了一个绮丽瑰艳的梦境。他显然是珍惜这个梦境的，因此就以玉阳山下的玉溪（谿）为名，给自己取号叫作玉溪（谿）生。临走前，他写下一首诗，给了昔日一起修道的朋友，即《寄永道士》：

　　　　共上云山独下迟，阳台白道细如丝。

　　　　君今并倚三珠树，不记人间落叶时！

　　之前，他和永道士一起上山学道，而如今他要先离开了。永道士则继续在山中修行，也许就此终老，不问人间世事了。他似乎对这种远离俗世喧嚣的山居生活有所留恋，但也明白自己不会就此停步不前。

他也曾与宋华阳道别，写下一首充满奇幻色彩和神话意境的《板桥晓别》：

回望高城落晓河，长亭窗户压微波。

水仙欲上鲤鱼去，一夜芙蓉红泪多。

拂晓时分，回望汴州方向，天上的银河此刻已经渐渐西落。长亭的窗下就是微微荡漾的波光，波光掩映着长亭，银光闪动，如同走入一个神话。

"水仙欲上鲤鱼去"用琴高之典。琴高是先秦时代中国传说中人物。能鼓琴，后于涿水乘鲤归仙。"一夜芙蓉红泪多"，用薛灵芸之典。薛灵芸为魏文帝曹丕的妃子，妙于针工，宫中号为针神。王嘉《拾遗记》载："灵芸闻别父母，歔欷累日，泪下沾衣。至升车就路之时，以玉唾壶承泪，壶则红色。既发常山，及至京师，壶中泪凝如血。"后以红泪指美人之泪。

李商隐觉得，他就像琴高一般乘鲤远去，只留下她在原地。也许她会因为思念他而饮泣，滴滴清泪浸湿了枕头。他心中怜惜不已，却也不能停下远行的脚步。

李商隐·《江东》

惊鱼拨剌燕翩翻，独自江东上钓船。

今日春光太漂荡，谢家轻絮沈郎钱。

来到洛阳 | 欲就麻姑买沧海

　　李商隐从玉华山下山之后，决定怀揣着自己的作品去洛阳闯荡一下。在唐代，洛阳是仅次于京师长安的第二大城市，也是当时世界上最大、最繁华的国际大都会。

　　洛阳草木繁茂，御道旁除了当时常见的槐树和柳树，还栽有石榴、樱桃等值时名贵树木，以及各种香气扑鼻的奇花异草，曾有诗赞道："洛阳城里花如雪"，洛阳尤其以牡丹闻名天下，而当时洛阳又是贯通欧亚的著名商路丝绸之路的东端，自然商贾云集，车水马龙。一到洛阳，便有红尘万丈的热闹之感。

　　洛阳引人注目的，还有它的皇家气派。洛阳城中轴建筑群上有七个天字建筑，是古代最高大、华丽的中轴建筑群。七个天字建筑分别对应天上的七个星座，从南到北依次为：天阙、天街、天津、天枢、天门、天宫、天堂。武则天所建立的天宫，则是这七天建筑中最高的两个建筑之一。公元687年，武则天在洛阳城中轴建筑群中的制高点建成了明堂，据记载，明堂高二百九十四尺，方三百尺，为多边形，圆顶。有上中下三层。武则天便在此宴飨群臣，发布政令。李白游洛阳时曾作《明堂赋》，感叹："盛矣，美矣！皇哉，唐哉！"两年之后，武则天在明堂的北面建造了比明堂更高大的天堂。天堂、明堂，以及其他宏伟富丽的皇家建筑，既象征着皇家权力，也构成了洛阳城辉煌壮观的景观。唐人储光羲曾赞道："洛城本天邑，洛水即天池。"认为洛阳美如人间天堂。

繁华洛阳，倾了少年的心。这些经历也让李商隐后来的诗歌作品增添了一缕瑰艳色彩与博大气魄。

李商隐早期写有一首轻快活泼的《江东》，还满是少年人"春日游，杏花吹满头"的轻盈生动：

惊鱼拨剌燕翩翩，独自江东上钓船。

今日春光太漂荡，谢家轻絮沈郎钱。

游鱼戏水，燕子翩翩，少年人在钓船上悠然欣赏盎然春光，柳絮、榆钱纷纷飘坠在他身边。这样闲适的诗歌，在李商隐的作品中是不多见的。他背负着太多责任和压力，还有对自己极高的期许，但他的骄傲与自尊却一次次地在现实中被践踏。初入洛阳那年，他还是个"谁教白马踏梦船"、满怀理想主义的翩翩少年郎。

没有家庭或家族的影响力帮助他进入社交圈，李商隐便寄希望于自己的才华、人品和性格，梦想凭着自己赤手空拳地去构建一个属于自己的社会关系网络。十五六岁的年龄，他已经开始凭着自己的才华崭露头角。奔涌的诗情在他笔下焕发，他开始憧憬着自己的未来之路。这时，他写下了一首《无题》：

八岁偷照镜，长眉已能画。

十岁去踏青，芙蓉作裙衩。

十二学弹筝，银甲不曾卸。

十四藏六亲，悬知犹未嫁。

十五泣春风，背面秋千下。

诗的字面意思，是在写一个灵动秀美的少女，她八岁已有爱美之心，偷偷地照镜子描眉，十岁去踏青，便想象着能穿着芙蓉花般的裙子。十二岁，她开始学弹筝，学得非常认真，连手指上的银甲一刻都不曾脱下。十四岁，她快到了出嫁的年龄，开始知道害羞，居于深闺之中，避免见到任何男性。十五岁则开始背对着秋千悄悄哭泣，担心青春如这春光一般易逝了。

其实，李商隐是在写自己。他青春年少，一身才华，却前途渺茫，飘摇无寄，深恐年华虚度，希望能遇到贵人赏识，得以施展自己的才能，方不负了这大好年华。《西昆发微》评此诗为"才而不遇之意"。他这首诗的句子还经常被后世的词人直接拿去用在自己的词中。《艇斋诗话》载："晏叔原小词，'无处说相思，背面秋千下'。吕东莱极喜诵此词，以为有思致。此语本李义山诗，云，'十五泣春风，背面秋千下'。"

李商隐此时还作有一首《无题》诗：

> 幽人不倦赏，秋暑贵招邀。竹碧转怅望，池清尤寂寥。
>
> 露花终裛湿，风蝶强娇饶。此地如携手，兼君不自聊。

无依无靠的他依然无法融入洛阳任何一个圈子，自嘲隐逸之人不因为游赏而感觉疲倦，炎热的秋天无人邀他去出席宴会。他在碧竹林之间缓缓踱步，惆怅张望，池水清澈见底，却照不见半个人影，越发寂寥。乡野之花终于被露水打湿，风中之蝶勉强维持娇媚之态。在这个陌生的地方，即使有人携手同行，也依然会感觉无聊。

没有家族的背景，没有父亲的支持，李商隐能凭借的，只有自己。他决心靠自己的才华走出一条道，打出一片天，他希望像自己诗中的《少年》一般，在最好的年华里建功立业：

> 外戚平羌第一功，生年二十有重封。直登宣室螭头上，横过甘泉豹尾中。
>
> 别馆觉来云雨梦，后门归去蕙兰丛。灞陵夜猎随田窦，不识寒郊自转蓬。

一日，他灵感突来，写出了两篇文辞优美的文章《才论》《圣论》（今不存），并以此去"行卷"，怀揣这两篇文章拜见洛阳城里的名士，果然大受称赞。他的粉丝开始多了起来。

"行卷"在当时颇为流传。这是因为唐代科举的主考官除详阅试卷外，还可以参考考生平时的作品。文坛上德高望重之人也可以向主考官推荐人才。所以，有志于科举的年轻人平日里便常将自己的诗文写成卷轴，送给文坛高士，即称为"行卷"。

才十六岁，李商隐即以文章知名于文士之间，年少的他对这段时光显然是颇为得意的，后来他在《樊南甲集序》中曾称："樊南生十六，能著《才论》《圣论》，以古文出诸公间。"

白居易就是少年李商隐粉丝中的一位，还是极狂热的一位。太和三年（829年），白居易称病辞官，以太子宾客分司东都的身份回到洛阳。

彼时，五十七岁的白居易读到李商隐的诗文，觉得非常喜欢。他比李商隐年长四十岁左右，却如忘年之交一般。白居易已名满天下，李商隐不过是后生小子，但白居易却对李商隐这样的后辈大力提携，甚至真的是相当崇拜。李商隐因大诗人白居易的推崇也越发声名远扬。

白居易年轻的时候也曾经像李商隐一般"行卷"。《全唐诗话》记载，乐天初举，名未振，以歌诗投顾况，况戏之曰："长安物贵，居大不易。"及读至原上草云："野火烧不尽，春风吹又生。"曰："有句如此，居亦何难？老夫前言戏之耳！"说的是白居易十六岁时，到长安赴试，向当时的著名诗人顾况行卷。顾况知道他的名字为"居易"后，便开玩笑说长安物价正贵，居大不易，于是漫不经心地展开诗卷读了起来。等他读到白居易《赋得古原草送别》中"野火烧不尽，春风吹又生"之句时，禁不住眼前一亮，拍案叫绝说："有句如此，居亦何难？老夫前言戏之耳！"从此，白居易声名鹊起。

白居易受老诗人顾况提携，终生不忘此恩，到了他年老之时，将心比心，亦是不遗余力地提携后辈诗人李商隐。李商隐后来回忆昔日与白居易的交往："伏思太和之初，便获通刺，升堂辱顾，前席交谈。陈蔡及门，功称文学；江黄预会，寻列《春秋》。虽迹有合离，时多迁易，而永怀高唱，尝托馀晖，遂积分阴，俄逾一纪。"

后来到了大中三年（849年），白居易临终之前，他还对前来看望他的李商隐说："我死后，得为尔儿足矣！"他说，自己死了以后，希望能投胎做李商隐的儿子，如此便心满意足了，真可谓是骨灰级粉丝了。白居易甚至交代自己的堂弟白敏中由李商隐为自己撰写墓志铭。李商隐也不负所托，为白居易作了一篇《刑部尚书致仕赠尚书右仆射太原白公墓碑铭》，至今流传。

太和三年（829年），应该算是李商隐的幸运之年。在这一年里，他不仅结识了大诗人白居易，还结识了他一生中的第一个贵人，也是最重要的贵人令狐楚。

彼时，令狐楚到洛阳来担任行政长官。他与刘禹锡、白居易唱和酬答的作品很多，大约白居易也经常在他面前夸奖李商隐，他对这个后起之秀、年轻才俊也就有了印象。李商隐也照常拿着自己的诗文去拜他。他一见之下，赞赏不已。

这时，李商隐还未意识到，眼前站着的这个年过花甲的老人，会对他的一生产生如何重大的影响。

令狐楚，字壳士，自号白云孺子。宜州华原（今陕西铜川市耀州区）人，先世居敦煌（今属甘肃）。唐朝宰相、文学家。根据《新唐书·宰相世系表》记载，令狐楚出身敦煌望族令狐氏。令狐氏为春秋时期晋国大夫魏犨之后，魏犨之子魏颗因功封于令狐（今山西临猗），成为令狐氏的始祖。令狐楚为唐德宗贞元七年（791年）进士。唐宪宗时，擢职方员外郎、知制诰，受皇甫镈推荐，被任命为翰林学士。后出为华州刺史，拜河阳节度使。元和十四年（819年），官至宰相。

令狐楚天资聪颖，才思俊丽，素有神童之称，他五岁便能文，算得上是个天才型的文学家。他善于作诗，其诗"宏毅阔远"，长于绝句，尤善骈文。著有《漆奁集》一百三十卷，又编有《元和御览诗》。他的骈文与韩愈的古文、杜甫的诗歌，在当时被公认为三绝。

当时李说、严绶、郑儋相继任河东节度使，都曾召引令狐楚在幕府任职，从掌书记直到判官，而且令狐楚的文章也颇受唐德宗的认可，"每太原奏至，解辨楚之所为"。德宗每次察看从太原府来的奏章，必然能认出令狐楚的手笔，称赞不已。《新唐书·令狐楚传》称"于奏制令尤善，每一篇成，人皆传讽"。韩愈死后，古文家后继乏人，令狐楚于是以骈文为世所称，刘禹锡说他"言文章者以冠"。其骈文"隶事生动，犹得子山（庾信）遗意"，被誉为庾信之后的古文文宗。

《旧唐书·令狐楚传》中还记载了这样一则故事："郑儋在镇暴卒，不及处分后事，军中喧哗，将有急变。中夜十数骑持刃迫楚至军门，诸将环之，令草遗表。楚在白刃之中，搦管即成，读示三军，无不感泣，军情乃安。自是声名益重。"从这段记载中不难看出，令狐楚临危不乱，智勇双全，胆略与文采兼备。他也因此更加名扬天下。

令狐楚是天赋异禀、才华横溢之人，而他也是爱才惜才之人。他对李商隐的才华非常赏识，虽然李商隐还未及弱冠之年，但是令狐楚一眼就看出，他并非寻常人物，大有培养价值。聪明伶俐、才思敏捷的李商隐也让令狐楚看到了自己年轻时的影子。

不久，令狐楚发现李商隐"能为古文，不喜偶对"，而令狐楚本人是当世顶尖的骈体专家，于是，令狐楚便将李商隐收于门下做弟子，细心教授李商隐骈体文的写作技巧。李商隐一点就透，进步很快。令狐楚非常欢喜。须知对于弟子来说，名师难求，但是对于名师来说，有天分的弟子也是可遇而不可求的。令狐楚的几个儿子资质都平庸，都大大不如他自己，而李商隐却很有他当年的风采。

不久，在令狐楚这位骈文大家的教导之下，李商隐便可以写得一手漂亮的骈体文，后来他还成了晚唐时期最重要骈体文作家之一。令狐楚毫不藏私地传授李商隐其骈文技巧，为一时佳话。李商隐后来曾将其骈体文作品编订为《樊南甲集》《樊南乙集》各20卷共832篇，今已不存。

骈文是一种注重文辞的对偶文，要求词藻华丽，并使用大量典故，广泛使用在唐代官方文件中。李商隐本就喜欢用典，写作起骈文之时更是如鱼得水，这也使得他越发爱在诗作之中频繁用典。

令狐楚得知李商隐家庭贫困之后，还出钱资助他的家庭生活，并且鼓励他与自己的子弟交游。于是李商隐就同令狐楚的子侄们，如令狐绪、令狐绚以及令狐绲等一起读书游玩。令狐楚公务之余常来指点他们的写作。李商隐曾作有一首《公子》，描写贵公子富贵优游的生活，疑为此时之作：

一盏新罗酒，凌晨恐易消。归应冲鼓半，去不待笙调。

歌好惟愁和，香浓岂惜飘。春场铺艾帐，下马雉媒娇。

爱才惜才的令狐楚认为李商隐聪明才智远在自己的子侄之上，每次看到他的诗文都大为称赏，甚至经常当着子侄的面称赞李商隐，对他非常看重，也非常疼爱。

这造成了两个后果，一是由于令狐楚对李商隐的器重与疼爱，让因才自负的李商隐误以为自己和他的子侄拥有平等的地位，几乎忘记了自己贫寒的出身，并没有明确了解自己虽然在令狐楚的心中是心爱的弟子，但在令狐绚等人的心中不过是相当于令狐家的家臣；另一个就是才能平庸的令狐绚从此埋下了对李商隐的嫉妒之心。令狐绚当时已经三十四岁，大了李商隐整整十八岁，但是父亲用从未有过的郑重语气赞赏李商隐之时，他心中自是怏怏不乐。虽然此时表面上他和李商隐如同好友一般相处，但后来的岁月里，他始终如同乌云盖顶一般笼罩着李商隐的人生。

这年十一月，令狐楚进位检校右仆射，迁任为天平军节度使，要离开洛阳。令狐楚问李商隐是否愿意随行，并且表示愿意让他当一个幕府巡官。李商隐为了继续追随令狐楚学习，也为了贴补家用，立刻同意了，打点行囊便跟着令狐楚出发了。

令狐楚本人也是从幕僚做起的。因此，他觉得对于李商隐来说，自己曾经的路也是适合弟子走。而李商隐也把令狐楚当作自己的奋斗目标，希望有一天能和恩师一样，凭着自己的才华走上更宽广的舞台，施展济民报国之志。

唐代官服的颜色是由品级决定的，三品以上服紫色，四品服深红，五品服浅红，六品服深绿，七品服浅绿，八品服深青，九品服浅青。因为李商隐还没有取得功名，又没有任何出身，因此在令狐楚府邸的幕僚之中，只有他着一身白衣，是为白衣巡官，所谓"将军樽旁，一人衣白"。他在《上令狐相公状一》说道："每水槛花朝，菊亭雪夜，篇什率征于继和，杯觞曲赐尽其欢；委曲款言，绸缪顾遇。"这一年，李商隐十八岁。

李商隐显然对令狐楚是满怀感恩之情的。太和四年（公元830年）李商隐写了一首《谢书》专门表达对令狐楚的谢意：

微意何曾有一毫，空携笔砚奉龙韬。

自蒙半夜传衣后，不羡王祥有佩刀。

前两句是自谦，说自己何德何能，只是空带笔砚来侍奉大将军。"龙韬"是用典，《隋书》中有《太公六韬》五卷，后人又称《龙韬》，这是古代将领治国治军的必修典籍，诗中借指令狐楚，称赞他是护国大将。

后两句又用了两个典故。"自蒙半夜传衣后"用"半夜传衣"之典，是传授师法或继承师业。《西溪丛语》载，五祖弘忍告之曰："汝缘在南方，宜往教授，持此袈裟，以为法信。"一夕南逝。忍公自此言说稍稀，时谓人曰："吾道南矣。"时人未之悟。壬申，公灭度后，诸弟子求衣不获，始相谓曰："此非卢行者所得耶?"使人追之，已去。"不羡王祥有佩刀"则是用"王祥佩刀"之典，典出《晋书》，初，吕虔有佩刀，工相之，以为必登三公，可服此刀。虔谓祥曰："苟非其人，刀或为害。卿有公辅之量，故以相与。"祥固辞，强之乃受。祥临薨，以刀授览，曰："汝后必兴，足称此刀。"览后奕世多贤才，兴于江左矣。

这里李商隐说的是恩师令狐楚将骈文写作制法倾囊相授，自己如同慧能得到弘忍的衣钵，又如王祥得到吕虔的宝刀，直若如鱼得水，如虎添翼。

他又曾作有一首《少将》：

族亚齐安陆，风高汉武威。烟波别墅醉，花月后门归。

青海闻传箭，天山报合围。一朝携剑起，上马即如飞。

李商隐心中隐隐有着渴望，希望能沿着恩师令狐楚的成长之路，也成为一代明相，或者是一方诸侯，因此他在诗中刻画的少年将军，分明是令狐楚年轻时的样子，也是他自己希望成为的样子。

李商隐曾参加在令狐楚幕府中的一个宴会，当天宴会觥筹交错，十分热闹。在座之中有一位名叫蔡京的年轻人，他和李商隐一样，是令狐楚所赏识的后辈。蔡京早年在滑台一家寺庙里当小和尚，是令狐楚见他眉清目秀，举止大方，便让他还俗，带回家中，和令狐家的子弟一起读书，直到长大成人。此时，蔡京就坐在李商隐旁边。

宴会上有一位身姿曼妙、面容姣好的舞女，她轻歌曼舞，表演得极为出色。令狐楚赞叹不已，便令李商隐即席赋诗。李商隐于是作了一首《天平公座中呈令狐令公》：

> 罢执霓旌上醮坛，慢妆娇树水晶盘。
>
> 更深欲诉蛾眉敛，衣薄临醒玉艳寒。
>
> 白足禅僧思败道，青袍御史拟休官。
>
> 虽然同是将军客，不敢公然仔细看。

虽然是应酬之作，但是却也作得格外精致，足见才子一旦出手，即使是轻描淡写，也笔力不凡。那舞女曾经是一名女道士，因此李商隐写她手持霓旗从祭坛上退下来以后，清妆淡饰，在玉树下的水晶盘上翩翩起舞。她蛾眉微蹙，似乎有心事要诉说；衣裳轻薄，微醺临醒，更显得冰清玉润，肌骨倾城。得道之白足僧见到她，也会起了还俗之念，穿青袍的幕僚见到她，宁可辞职也要欣赏这样美丽的舞蹈。虽然自己也是大将军的客人，但却是不敢公然仔细看她，以免失了礼数。

这首诗的分寸感极好，既香艳但不流于庸俗，最后更是表明自己的谦逊与礼节。"白足禅僧"又小小地调侃了一下蔡京。令狐楚对弟子的这首游戏之作大概也是满意的吧。

日子就这么一天天平静地流过，有了恩师的照拂，李商隐过得还算安稳，所挂心的不过是何时能取得功名。

有一日，李商隐独自出去游玩，爬上了一座当地的名山。待到山顶，正值黄昏落日时分，荡胸生曾云，决眦入归鸟，他胸怀大畅，又作有一首《谒山》：

从来系日乏长绳，水去云回恨不胜。

欲就麻姑买沧海，一杯春露冷如冰。

"谒山"，即拜谒名山之意。李商隐站在高山之上，眺望远方，只觉壮丽雄浑之极。不过黄昏时分太短，再过一会儿太阳就要下山去了，云水匆匆流逝，就像时光不再回来。可惜的是没有系住太阳的长绳，否则一定要拉住绳子，不让它西沉入海。李商隐想要用一根长绳系住落日，好让时光永驻，美景永存，这想象和气魄都是令人叹为观止。

"欲就麻姑买沧海，一杯春露冷如冰"，则更是气势磅礴之极。即使想要向传说中的麻姑买下沧海，但转瞬间沧海却变成了桑田，眼前只剩下一杯冰冷的春露。这句诗显然也是受到了李贺《梦天》诗句"遥望齐州九点烟，一泓海水杯中泻"的影响。

也有研究者认为这首诗或许是李商隐暮年所作，但个人觉得这首诗的气象气势都似是出自踌躇满志的少年人之手，到了暮年，李商隐已经心灰意冷，只是喟叹"夕阳无限好，只是近黄昏"，却已然没有了挽长绳系落日的雄心壮志。

李商隐·《木兰花》

洞庭波冷晓侵云，日日征帆送远人。

几度木兰舟上望，不知元是此花身。

仕途之路｜蚌胎未满思新桂

　　唐敬宗宝历二年（826年），横海镇节度使李全略去世，其子李同捷擅自留后，窃取兵权，以求继任为节度使。太和元年（827年），唐敬宗逝世，唐文宗即位后，发兵征讨李同捷，但出征之军纪律败坏，战事拖久，钱财耗尽。《资治通鉴》记载："时河南、北诸军讨同捷，久未成功。每有小胜。则虚张首虏以邀厚赏。"直到太和三年（829年）四月，李同捷投降，战事方才平定。

　　李商隐作下《隋师东》一诗，字面上说的是隋炀帝东征高丽，实际上指的是唐军北伐之事，乃借古喻今之作：

> 东征日调万黄金，几竭中原买斗心。
>
> 军令未闻诛马谡，捷书惟是报孙歆。
>
> 但须鸑鷟巢阿阁，岂假鸱鸮在泮林。
>
> 可惜前朝玄菟郡，积骸成莽阵云深。

此诗写得犀利老辣。"东征日调万黄金，几竭中原买斗心"，朝廷花费巨资以养东征之军，中原财富几乎耗尽，但"军令未闻诛马谡，捷书惟是报孙歆"，这里用了诸葛亮挥泪斩马谡和晋将王濬谎报战功说已经斩得孙歆首级之典，指出军队纪律涣散，虚报功绩。"但须鸑鷟巢阿阁，岂假鸱鸮在泮林"，则是深刻揭露藩镇割据存在之根本。鸑鷟为凤凰的别名，自然比喻贤臣。鸱鸮即猫头鹰，这里喻指叛乱者。如果朝廷任用贤臣，政治清明的话，怎么会导致如今藩镇割据的局面？正是因为小人横行，朝纲败坏，所以才会有藩镇叛乱的局面出现。诗的最后则描写战后一片凄凉悲惨的景象："可惜前朝玄菟郡，积骸成莽阵云深"。《资治通鉴》记载："沧州承丧乱之馀，骸骨蔽地，城空野旷，户口存者什无三四。"

《玉溪生诗意》评此诗道："'鸑鷟'比君子，'鸱鸮'比小人。此首盖不敢明言时事，而借隋炀帝东征为题也。"《选玉溪生诗补说》评道："当日情形，宛然在目，谁谓义山非诗史乎？"

唐文宗太和五年（831年），李商隐想要去参加科举考试，家中却没有多余的钱供他上京。令狐楚得知之后，便拿出一笔费用给了李商隐，让他与儿子令狐绹一同赴长安应考。李商隐第一次来到大唐的都城，只觉五光十色，目眩神迷。

长安之繁华，更在洛阳之上。"九天阊阖开宫殿，万国衣冠拜冕旒"，盛世大唐时期，作为同期世界上面积最大的都城，长安曾经吸引了大批的外国使节与朝拜者的到来。这里也有诸多诗人挥洒的著名诗篇，如李白的"云想衣裳花想容，春风拂槛露华浓。"王维的"长安少年游侠客，夜上成楼看太白。"杜牧的"长安回望绣成堆，山顶千门次第开。"贾岛的"秋风吹渭水，落叶满长安。"晚唐之长安，虽然不复昔日富丽，但依然呈现出磅礴大气之美。

李商隐迷醉于这长安城壮丽磊落之美，也按不住一颗奔涌的诗心。当晚，他们投宿的客栈里，士子们也在命题赋诗。李商隐也赋了一首《木兰花》：

> 洞庭波冷晓侵云，日日征帆送远人。
> 几度木兰舟上望，不知元是此花身。

这样一首诗自笔下轻快流出，登时惊艳四座。士子们传看这首诗，惊叹不已。唐代李颀《古今诗话》中记录了这个故事。宋代姚宽《西溪丛语》对这首诗也有记录，但作诗的地点却改在了洞庭湖中的一叶舟上。

李商隐早已习惯旁人对他诗作的赞赏与推崇，只是淡然微笑，心中却是踌躇满志。此时，他却并没有注意到，令狐绹自背后射来的冷冷的目光。

但榜单很快就公布了。在这次考试中，锦口绣心的李商隐名落孙山，而文采匮乏的令狐绹则是一考即中，很快被授予弘文馆校书郎的职位，并由此开始了他一帆风顺的仕途。在李商隐看来，只要有才华就一定会被赏识，可天真的他却忽略了当时的社会现实，他满纸光华流动的锦绣文章并没有打动考官，而令狐绹的背景却打动了他们。年轻的李商隐却为此愤愤不平。落榜之后，李商隐在《东还》中叹息道：

自有仙才自不知，十年长梦采华芝。

秋风动地黄云暮，归去嵩阳寻旧师。

他身负大才，却不为人所赏识，连进士都没考中，不如去寻师学仙，隐居算了！当然这只是赌气之语。他既没有晋代陶渊明的"桃花源"，也没有盛唐王维的"辛夷坞"。作为一位寒门学子，他没有其他实现人生价值的方式，要想从底层社会步入上流社会，改变自己的社会阶层，让家人过上衣食无忧的生活，只有科举这一条路。

太和七年（833年）春，李商隐再次在令狐楚的资助下赴京应考。彼时他曾经写了一封信给恩师令狐楚，即《上令狐相公状》：

某才乏出群，类非拔俗。攻文当就傅之岁，识谢奇童；献赋近加冠之年，号非才子。徒以四丈东平，方将尊隗，是许依刘。每水槛花朝，菊亭雪夜，篇什率征于继和，杯觞曲赐其尽欢。委曲款言，绸缪顾遇。自叨从岁贡，求试春官，前达开怀，后来慕义。不有所自，安得及兹？然犹摧颓不迁，拔剌未化，仰尘裁鉴，有负吹嘘。倘蒙识以如愚，知其不佞，俾之乐道，使得诔穷。则必当刷理羽毛，远谢鸡鸟之列；脱遗鳞鬣，高辞鳣鲔之群。逶迤波涛，冲唳霄汉。伏惟始终怜察。

对于前一次的落榜，因才自傲的李商隐是很懊恼的，但他依然认为自己非池中之物，定可一飞冲天，因此又希望老师给予资助，却不肯出言请老师为自己美言力挺，他始终坚信凭自己的才华一定可以成功。

令狐楚对这个得意弟子向来是有求必应，他慷慨解囊，又一次资助了他。以后李商隐每次赴考，都是令狐楚出资帮助。

但可惜的是，这次应考，李商隐又失败了。

他的骄傲又一次被现实打败。长安这天夜里，又簌簌下起牛毛细雨来，密密地织在屋瓦之上。李商隐睡在客栈之中，定定地望着窗外的雨。这雨淅淅沥沥下了一夜，李商隐也一夜未眠。

清晨，他写下了一首《微雨》：

初随林霭动，稍共夜凉分。

窗迥侵灯冷，庭虚近水闻。

这首诗细致入微地描写了这场微雨。最初雨下的时候，便如林中的雾气一般若有若无，过了一会儿，便浸入了如墨的夜色，让人感到些许的凉意。微雨悄然飘进窗内，让昏暗的灯火闪烁不定，只觉凄冷。静静侧耳倾听，还能听得到从空旷庭院中传来的，细微之极的雨落之声。

他把他如微雨一般的惆怅与忧伤也不动声色地融入了这首诗中。

但此时的李商隐毕竟还年轻，对未来还充满了憧憬。他以拟人的手法作下两首玲珑小诗以表心意，那就是《百果嘲樱桃》和《樱桃答》，这两首诗里，满满的都是青春的气息和天真的骄傲：

> 珠实虽先熟，琼荨纵早开。
>
> 流莺犹故在，争得讳含来。

> 众果莫相诮，天生名品高。
>
> 何因古乐府，惟有郑樱桃。

珠实，指的是小巧晶莹的樱桃果实。琼荨，指的是光润如玉的樱桃外皮。这两句都是赞美樱桃之美。《本草纲目》载："樱桃，处处有之，而洛中者最胜。其木多阴，先百果熟，故古人多贵之。"樱桃素来被称为初夏第一果，百果之中最早成熟的果实，晶莹美味，被认为是贵重的水果。诗中说百果嘲笑樱桃，你如此早早成熟又有什么用，怎么可能避得开流莺的吞食呢？这里李商隐是以樱桃自喻，自己便如早熟的樱桃一般，很早就才名彰显，但是也引来了众人的嫉妒与恶意的打压。

第二首诗是樱桃答百果，不屑一顾地说不必讥讽，它天生高贵，不会因为受到打压而选择同流合污不发出自己的光芒。这也就是为何古乐府中会有咏《郑樱桃》之歌。

这里的"郑樱桃"是一个女子的名字，她因传奇的际遇而被歌咏。唐朝诗人李颀曾作《郑樱桃歌》：

石季龙，僭天禄，擅雄豪，美人姓郑名樱桃。

樱桃美颜香且泽，娥娥侍寝专宫掖。

后庭卷衣三万人，翠眉清镜不得亲。

郑樱桃是后赵襄国（今河北邢台市）人，优伶出身，以美貌获得后赵武帝石虎的宠信，被封为皇后。李商隐以郑樱桃的美貌比喻自己的才华，虽然出身低微，但有朝一日一定可以凭借才华而被皇帝赏识。

不过，很多年之后，历经沧桑的李商隐又寂寥地写下了《嘲樱桃》：

朱实鸟含尽，青楼人未归。

南园无限树，独自叶如帏。

那时的他的自信与抱负已经被现实生活给磨平，已经成了一个心气消沉、安之若素的中年人，不再抱怨和嘲讽命运，只是默默地忙碌着平庸而又琐碎的工作，以换取一份养家糊口的薪酬。他胸中依然有热血有理想，却已不再怀有期待。时间造就了两个完全不同的李商隐。

不久，令狐楚调任吏部尚书。吏部尚书和节度使不一样，是没有开辟幕府的资格的。换而言之，李商隐不能再担任令狐楚的幕僚，他被迫失业了。令狐楚虽然有心照料他，却也分身乏术。

无奈之下，李商隐回到家乡河南。令狐楚忙碌之余仍然牵挂弟子，将他介绍给郑州刺史萧浣。李商隐于是投奔萧浣。萧浣很欣赏李商隐的才华，几番交谈之后，二人遂成忘年之交。萧浣可以算得上是李商隐生命中的第二个贵人，在他人生处于低谷之时，收留了他，并对他十分亲切和友好。

其间，李商隐经常在郑州城内漫步，有一日，他信步来到了一个寺庙之前，兴之所至，写下了一首《题僧壁》：

> 舍生求道有前踪，乞脑剜身结愿重。
> 大去便应欺粟颗，小来兼可隐针锋。
> 蚌胎未满思新桂，琥珀初成忆旧松。
> 若信贝多真实语，三生同听一楼钟。

他之前一直潜心学道，也就是在这个时候，他忽然涌起了学佛的念头。寺庙中的梵唱让他心中涌起了诸多感慨。修行之路上，有多少人甘愿付出生命，佛理至深又至简，可藏须弥，可纳芥子。蚌珠尚未凝成，已思月圆下闪光之瞬间，琥珀刚刚成熟，却回忆起了它昔日所容身的那棵老松树。今生来世，三生轮回，兜兜转转，起起伏伏，此生如在梦中。

他虽然用佛法来解脱自己，道人生如梦，梦如人生，那么一切就不必太过执著。可是，他却依旧难解心中惆怅郁结之情，难以浇灭那一颗热切的入世之心。

萧浣在郑州建有一座夕阳楼。有一日，李商隐心中郁闷，在酒楼里独斟独饮后，独自登上了夕阳楼，俯瞰郑州全城美景。恰当此时，一只孤雁在夕阳下一掠而过。李商隐凝视着孤雁的影子，仿佛看到了自己。他作下《夕阳楼》一诗：

花明柳暗绕天愁，上尽重城更上楼。

欲问孤鸿向何处？不知身世自悠悠。

他登上高楼，只见眼前花朵明艳柳如暗烟，一直绵延到远方。人说柳暗花明又一村，但是自己为何总是波折不断，就像尽力登上一层高楼之后发现楼上还有更高的楼需要攀登。他看到夕阳下孤雁之影，才忽然觉得自己的身世也如同这秋天的孤雁一般漂泊无助。

清人纪昀评价这首诗道："借孤鸿对写，映出自己，吞吐有致，但不免有做作态，觉不十分深厚耳。"

萧浣见李商隐意兴索然，知道少年渴望有一方施展才华的平台，而他作为刺史又没有任用幕僚的资格，于是他便将李商隐推荐给华州刺史崔戎。

崔戎是李商隐生命中的第三个贵人。他是李商隐的远方亲戚，从辈分上论还是李商隐的重表叔，是李商隐处士叔的重表兄弟。崔戎和萧浣一样十分欣赏李商隐的才华，他又像令狐楚一样给予李商隐优渥的待遇，并精心指导李商隐的骈文写作。

《旧唐书》中如此记载崔戎："宪宗时王承宗以镇叛，裴度请戎往谕之，入为谏议大夫。后持节剑南为宣抚使，还拜给事中，出为华州刺史。吏以故事置钱万缗，为刺史私用，戎不取，及去，悉用以享军。徙究海沂密观察使，民拥留于道不得行，遂夜单骑遁去。"崔戎本是京官，又辞官入幕府，建功立业之后又再入朝任职。同时他还是一代文章高手，和令狐楚一样，他是当时文坛上骈文宗师级的人物。李商隐仿佛从崔戎的人生轨迹中又看到了自己的榜样，他对自己的未来重新充满了信心。

在崔戎的指导下，李商隐的骈文越发精进，终于和他的诗一般天下闻名。当时写骈文的人里面，年轻一辈有三大高手，就是李商隐、温庭筠以及段成式。他们在家族同辈里的排行恰巧都是十六，因此他们的文风被称为"三十六体"。

崔戎见李商隐进步神速，心中也极欢喜。李商隐后来写诗回忆崔戎"顾我下笔即千字，疑我读书倾五车"，崔戎见李商隐写文一挥而就，认为他定是读书极勤、胸藏万卷，对此赞赏不已。李商隐后来在诗中写道："华州留语晓至暮，高声喝吏放两衙"，崔戎与李商隐聊天，可以从早聊到晚，对他的才华十分肯定和认可。

崔戎将李商隐当作自己的子侄，不仅在儿子和下属面前盛赞李商隐，还亲自送李商隐和自己的两个儿子崔雍、崔衮一起去南山安心读书，以备来年的科举考试。崔雍、崔衮与李商隐也是从表兄弟，关系非常要好。他们也真心钦佩李商隐的才华，和令狐绹那样表面亲热实际嫉妒大不一样。而且，令狐绹是将李商隐视作父亲留给自己的政治资产，视作家臣，并不像崔氏兄弟那样将李商隐视为平等的朋友。因此，李商隐在崔戎家过得很是舒心愉快。

崔戎也体恤李商隐贫寒的家境，时常给予资助。李商隐为他撰写表奏，他则回报以丰厚酬金。对此，李商隐也是非常感恩，曾作《上崔大夫状》，表示以后要更加奋发图强，以报崔戎知遇之恩：

今早七弟远冲风雪，特迁车马，伏蒙荣示，兼重有恤赉，谨依命捧受讫。某才不足观，行无可取，徒以四丈顷因中外，最赐知怜。极力提携，悉心指教，以得内夸亲戚，外托友朋。谓于儒学，而逢主人；谓于公卿，而得知己。窃当负气，因感大言。岂谓今又获依门墙，备预宾客，礼优前席，贶重承筐，欲推让而不能，顾负荷而何力？倘或神知孔祷，师恕柴愚，玉真而三献不疑，女贞而十年乃字，粗期率励，以报恩知。伏惟特赐鉴察。

一年之后，崔戎升任兖海观察使，三月接到任命之后，五月到达兖州（今山东兖州）。李商隐也一路跟随。崔戎又辟李商隐为幕僚。

刚刚到达兖州的李商隐，是满目新鲜的。这里的风土人情，和他家乡、洛阳和长安又大不一样。在一次宴会上，李商隐第一次吃到了新鲜竹笋，只觉脆嫩爽滑、满口生香，但此时的李商隐并没有一味沉溺在美食之中，而是深有感慨。宴会上，他挥洒了一首《初食笋呈座中》：

嫩箨香苞初出林，於陵论价重如金。

皇都陆海应无数，忍剪凌云一寸心。

那幼嫩的竹笋刚刚生出便被挖出林去,清香四溢。因其美味,在市场上它的价格十分贵重。然而,这世上的美味如此之多,为何只是为了口腹之欲,而剪去了那将会长成凌云高竹的一寸笋心呢?这里,李商隐也是以竹笋自喻,拥有凌云壮志之心的他渴望有着出头之日,却一再地被打压。此时,他又作有一首《题小松》,以小松自喻:

> 怜君孤秀植庭中,细叶轻阴满座风。
>
> 桃李盛时虽寂寞,雪霜多后始青葱。
>
> 一年几变枯荣事,百尺方资柱石功。
>
> 为谢西园车马客,定悲摇落尽成空。

那独自挺立在庭园之中的小松树,非常惹人怜爱,叶子细细,洒下淡淡阴凉,拂来满座清风。春日里桃李盛开,热热闹闹,小松树分外寂寞。霜雪严冬之中,松树就显得格外青葱可爱。一年之内桃李几经枯荣,而小松树长成参天的大松树之后,就成了栋梁之材。那些在西园观花的人,在冬天里他们定然会为桃李的空枝头而悲伤不已。

这首诗的小松身上,寄托着李商隐的骄傲与清高,和浮华艳丽的桃李比较起来,小松虽然素朴沉默,却能经霜傲雪。他热烈赞颂小松,实际上是寄寓着自己的傲岸清高和政治抱负。

如果李商隐一直跟着崔戎,也定会有着一番作为,崔戎和令狐楚一样,是对这个年轻人有着惜才之心的。可惜的是,崔戎到任不到一个月便得了急病，据说是霍乱，药石无医，就这么病死了。

这对李商隐又是一次沉重打击，他不仅失去了工作，更重要的是又失去了一位在政治上可以倚靠的大树，也失去了一位给了他很多温暖和帮助的家人。

崔戎死去之后，树倒猢狲散，幕僚四散离去。李商隐则提起笔来，完成了他为崔戎做的最后一件事，就是为崔戎写成一篇辞采华丽、对仗工整的遗表上奏朝廷，给他的一生画上了一个圆满的句号，是为《代安平公遗表》：

臣某言：臣闻风叶露华，荣落之姿何定；夏朝冬日，短长之数难移。臣幸属昌期，谬登贵仕，行年五十五，历官二十三。念犬马之常期，死亦非夭；奈君亲之厚施，生以无酬。是以时及含珠，命徐属纩，心犹向阙，手尚封章。抚躬而气息奄然，恋主而方寸乱矣。臣某中谢。

臣少而羁绁，长乃遭逢。常将直道而行，实以明经入仕。王畿作吏，非州府之职徒劳；侯国从知，愧军旅之事未学。宪宗皇帝谓臣刚决，擢以宪司；穆宗皇帝谓臣才能，登之郎选。忝霜威而无所摧拉，历星纪而有衾次躔。旋属皇帝陛下大明御宇，至道承乾。澄汰之初，臣不居有过；超擢之际，臣独出常伦。高选掖垣，箴规未效。入居琐闼，论驳无闻。自去年秋，来典河关，兼临甸服，惟当静而阜俗，清以绳奸，粗致丰穰，幸逃逋责。岂意陛下谓臣奄有三县，未称其能；谓臣出以一麾，未足为贵。爰降纶绋，移之藩方，锡以海隅，与之岳镇。将吾君之骁果万计，使得总齐；联吾君之牧伯三人，以居巡属。时虽相羡，臣实深忧，既属圣恩，果遭鬼瞰。况臣素无微恙，未及大年，方思高挂馈鱼，不然官烛，成陛下比屋可封之化，分陛下一夫不获之忧。志愿未伸，大期俄迫。忽至今月十日夜，暴染霍乱，并两胁气注。当时检验方书，煎和药物，百计疗理，一无痊除至十一日辰时，转加困剧，渐不支持。想彼孤魂，已游岱岳；念兹二竖，徒访秦医。对印执符，碎心殒首，人之判此，命也如何！恋深而乏力以言，泣尽而无血可继。臣某诚哀诚恋，顿首顿首。

臣当道三军将士，准前使李文悦例，差监军使元顺通勾当讫。臣与顺通，近同王事，备见公才，假之统临，必能和协。其团练、观察两使事，差都团练巡官卢泾勾当讫。臣亦授之方略，示以规模。伏惟圣明，不致忧轸。臣精神危促，言词失错，行当穷尘埋骨，枯木容身，蝼蚁卜邻，乌鸢食祭。黄河两曲，长安几千。生入旧关，望绝班超之请；力封遗奏，痛深来歙之辞。回望昭代，不胜荒惋眷恋之至。谨差某奉表代辞以闻。

太和九年（835年）春天，李商隐又一次奔赴长安应试，此行他特意拜访了崔氏兄弟，并来到崔氏大宅凭吊崔戎。然后，他写了一首感情真挚的《安平公诗》，纪念那位慈爱而宽厚的叔父兼上司：

丈人博陵王名家，怜我总角称才华。华州留语晓至暮，高声喝吏放两衙。

明朝骑马出城外，送我习业南山阿。仲子延岳年十六，面如白玉歆乌纱。

其弟炳章犹两丱，瑶林琼树含奇花。陈留阮家诸侄秀，逦迤出拜何骈罗。

府中从事杜与李，麟角虎翅相过摩。清词孤韵有歌响，击触钟磬鸣环珂。

三月石堤冻销释，东风开花满阳坡。时禽得伴戏新木，其声尖咽如鸣梭。

公时载酒领从事，踊跃鞍马来相过。仰看楼殿撮清汉，坐视世界如恒沙。

面热脚掉互登陟，青云表柱白云崖。一百八句在贝叶，三十三天长雨花。

长者子来辄献盖，辟支佛去空留靴。公时受诏镇东鲁，遣我草诏随车牙。

顾我下笔即千字，疑我读书倾五车。呜呼大贤苦不寿，时世方士无灵砂。

五月至止六月病，遽颓泰山惊逝波。明年徒步吊京国，宅破子毁哀如何。

西风冲户卷素帐，隙光斜照旧燕窠。古人常叹知己少，况我沦贱艰虞多。

　　如公之德世一二，岂得无泪如黄河。沥胆咒愿天有眼，君子
之泽方滂沱。

不久，李商隐第四次赴考又落选了。李商隐离开崔家，旅宿在骆姓人
家的园亭里。那是个秋天的夜晚，凉意袭人，半夜里又簌簌下起雨来，雨
滴打在池塘中的枯荷之上，玲珑有声。

李商隐侧耳倾听滴滴雨声，枕上清寒，内心深处感到无限惆怅与寂
寥。他不觉又怀念起在崔家时的温馨日子，怀念起崔雍、崔衮两位朋友，
作下《宿骆氏亭寄怀崔雍崔衮》：

竹坞无尘水槛清，相思迢递隔重城。

秋阴不散霜飞晚，留得枯荷听雨声。

骆氏亭外，绿竹猗猗，纤尘不染，湖水也是清澈澄明。在这雅洁清明
的环境之中，他思念起相隔遥远的崔雍、崔衮来。这秋天的夜晚，阴云密
布不散，霜也下得晚了。他独自一人，听着这萧瑟雨声轻轻打在枯萎的荷
叶之上。

沈义父《乐府指迷》云："结句须要放开，含有余不尽之意，以景结
情最好。"此诗结句"留得枯荷听雨声"情景交融，余韵不绝，成为令人
传诵的千古名句。

《红楼梦》中林黛玉就非常喜欢这句诗。《红楼梦》第四十回《史太君两宴大观园，金鸳鸯三宣牙牌令》里，宝玉道："这些破荷叶可恨，怎么还不叫人来拔去。"宝钗笑道："今年这几日，何曾绕了这园子闲了一闲，天天逛，那里还有叫人来收拾的工夫呢？"黛玉道："我最不喜欢李义山的诗，只喜他这一句'留得残荷听雨声'。偏你们又不留着残荷了。"宝玉道："果然好句，以后咱们就别叫人拔去了。"

"留得残荷听雨声"这句将"枯荷"改为"残荷"，应该是版本的谬误。曹公在这里暗含深意。黛玉为何独爱"留得残荷听雨声"这句，其实是因为她的气质和境遇，无不契合诗中意境，她也是雨中秋荷一般风露清愁的少女，浸润着惆怅与寂寥，凝聚着美丽与哀愁。

李商隐·《闺情》

红露花房白蜜脾，黄蜂紫蝶两参差。

春窗一觉风流梦，却是同衾不得知。

邂逅柳枝｜化作幽光入西海

在奔波赶考的途中，李商隐于无意中又邂逅了一段奇异而又美妙的情缘。一个美丽的姑娘，柳枝，悄悄然走进了他的生命。

可是，柳枝便如春天的风一般，轻轻拂过，便再也没有回来。留给他的只有绵长的思念与难言的惆怅。

柳枝是洛阳人，父亲从商，不幸早逝。母亲对小女儿爱怜不已，远超过对其他儿子的喜爱，也不舍得约束了她。柳枝长到十七岁，已出落得亭亭玉立，花朵儿一般轻巧，腰肢纤细，娉娉婷婷，便如同那春天的柔软柳枝一般。

她是一个秀慧娇美、满身灵气的姑娘，不爱女红，不喜妆扮，独爱音乐。她梳妆到一半，因为忽然想弹奏乐曲，便弃镜而去。她吹叶嚼蕊，调理丝竹，所奏之曲雄浑壮阔处如天海风涛，哀怨细腻处又幽忆怨断，令人心旌摇曳不止。

柳枝家与李商隐的堂兄李让山家相隔不远。李商隐赴考之时途径洛阳，就住在了李让山家中。他此行也带来了自己的诗篇，李让山见了，不胜欢喜，叹赏不绝。

一日早晨，李让山骑马漫步在柳荫之下，忍不住吟诵起李商隐的诗作《燕台四首·春》：

> 风光冉冉东西陌，几日娇魂寻不得。
>
> 蜜房羽客类芳心，冶叶倡条遍相识。
>
> 暖蔼辉迟桃树西，高鬟立共桃鬟齐。
>
> 雄龙雌凤杳何许，絮乱丝繁天亦迷。
>
> 醉起微阳若初曙，映帘梦断闻残语。
>
> 愁将铁网胃珊瑚，海阔天翻迷处所。
>
> 衣带无情有宽窄，春烟自碧秋霜白。
>
> 研丹擘石天不知，愿得天牢锁冤魄。
>
> 夹罗委箧单绡起，香肌冷衬琤琤珮。
>
> 今日东风自不胜，化作幽光入西海。

《燕台四首》是一组爱情诗，分为《春》《夏》《秋》《冬》四首，是李商隐仿李贺"长吉体"之作。诗里过去和现实不断闪现，仿佛蒙太奇镜头一般。秾艳的词采，瑰美的意象，变错的时空，迷离朦胧的意境，让这首诗呈现出一种奇异的美感。清代学者冯浩评此诗："总因不肯吐一平直之语，幽咽迷离，或彼或此，忽断忽续，所谓善于埋没意绪者。"叶嘉莹则说："这种作品，好像是一种在梦幻中的心灵之呓语，原来就不属于人类理性之解说分析的范围之内。"

《燕台四首·春》讲述了一个美丽而哀愁的带有魔幻性质的故事。春光烂漫之中，男子的灵魂化作一只蜜蜂，或者一只蝴蝶，即"蜜房羽客"，到处寻觅心爱的少女，却不可得，于是回忆起初相遇时的美好，当时她梳着高高的发髻，伫立在花满枝丫的桃树之下，眼波流动，微笑宛然，满身都是香气。他们便如同雄龙雌凤，相隔遥遥，心如丝乱，彼此魂牵梦绕。

他飞到了一个庭院里，这时，黄昏中的落日散发出瑰彩的霞光，仿佛如同初升朝阳一般，在珠帘上映射出闪闪烁烁的光芒。他忽然听到了几声低不可闻的叹息，仿佛就是那少女发出来的。他满怀忧愁地思念着她，四处寻找着她，但她却总是遥不可及。他的惆怅，便好像带着铁网去大海打捞美丽的珊瑚，却又在茫茫大海上迷失了方向。

相思使得他日渐消瘦，但春天的柳树依然如绿烟一般美丽，秋天的冰霜如雪一般晶莹，这世界依然美得不可思议。他苦心修炼，然而却仍得不到少女的垂青，心中的委屈如同天牢里的冤魂一般。渐渐天气转热，心爱的少女，该换下夹衣，穿上单衣了吧，她也一定戴上了玉佩，令肌肤生凉，而他的魂魄也要随着春天而消散了，最终化作一缕幽光消失在西海之中。

少女柳枝在屋内，听到李让山吟诵这首诗，眼前仿佛徐徐展开了一幅幽微瑰艳的图画，她好像走入了那个美丽而又哀伤的故事，为那男子的痴情与失意感叹不已。一首诗听完，她还独自站在那里，心潮起伏，如痴如醉。她忽然渴望见到这首诗的作者，她确信，他和她的心里，一定有某一处是契合的。

于是，柳枝打开帘子，盈盈走了出来，急切地问李让山："这是谁写的诗？谁能写出这样的诗？"于是，李让山便告诉他，这是自己堂弟李商隐所作。

柳枝听了，凝神半晌，神思缱绻。她忽然伸手，扯断腰上的长带子，纤长的手指缠绞着带子，灵巧地打了一个同心结，含羞递给李让山，让他带回家给李商隐。李让山愕然不解，柳枝笑道，这是为了求他再作一首新诗。

少女是大胆的，以同心结相赠，心意已呼之欲出，但她又是羞涩的，并不敢把这爱情直接宣之于口，而是绕了一个小小的弯子。

李让山回去之后，便告知了李商隐。李商隐听到有少女如此欣赏自己的诗，又听李让山说了柳枝的容貌风情，只觉悠然神往。于是，他第二天也骑马来到了柳枝的住所。柳枝这时梳着少女的双鬟妆，抱立扇下，有风轻轻拂过，芙蓉面若隐若现。

她看着眼前这个神情安然、面目俊朗的白衣少年，他的眼眸清澈明亮，眼神温柔无限，心中不自禁地怦然而动。于是，她大胆地向他发出邀请，三天的上巳节，趁着邻居们都去水边洗衣游玩，让李商隐来她家中小坐，她将焚博山香以待。

上巳节是三月三日，其实就是古代的情人节。《诗经》里的《溱洧》："溱与洧，方涣涣兮。士与女，方秉蕑兮。女曰观乎？士曰既且，且往观乎？洧之外，洵訏且乐。维士与女，伊其相谑，赠之以勺药。"写的就是青年男女春游之中寻找伴侣、互诉心曲之乐，而最后的欢喜，则凝聚在一枚带着水露的芍药花上。

显然，柳枝对李商隐这么说，已经不是暗示，是明示了。她笑语盈盈地望向他，眼神里满是期待。

没有任何犹豫，李商隐立刻答应了。他从这柳枝一般曼妙的少女眼中，看到了一个极其美丽的故事徐徐展开的可能性。他内心充满着憧憬。她又美丽，又聪慧，又勇敢，又灵巧，还有一点小小的任性与狡黠，这一切都会使得一个正值青春的少年自然而然地起了爱慕之心。

少女抬眼，脉脉含情地望了他一眼，转身盈盈离去。她的身影婀娜窈窕，如同一枝风中的芙蕖，而她秋波一转的瞬间，少年的心也在怦然而动。他仿佛喝了一口春天里酿造的桃花酒，忽然间便醺然若醉。

他后来作有一首《无题》，诗中少女腰肢纤细，风露清愁，住在江流边上，仿佛就是柳枝：

> 近知名阿侯，住处小江流。
> 腰细不胜舞，眉长惟是愁。
> 黄金堪作屋，何不作重楼。

后来，李商隐在想起这一天的时候，也许会有隐隐的懊恼。为何不在那一天，把握住与柳枝的爱情呢？

而且，柳枝为何要定下三日之约呢？为何笃定了爱情，还要经过等候和考验呢？为何不在相遇之初就互诉心意，表明相思呢？这也许是少女狡黠的小心思。太过迅速或者着急，爱情失却了美感。于是，便要小小沉淀，小小躲避，欲拒还迎，欲说还休。这三天的暧昧期，当是最美好的人生体验，爱情在他们的想象中，已经发生了各种故事。

年轻的时候，总觉得岁月那样绵长，那么，小小的折腾与小小的考验，只是为酒一般醇美的爱情再增加一点色彩和味道而已，如奶酪上再放上一颗嫣红的樱桃。

可惜的是，命运弄人。李商隐一个朋友，本来约好与他一起上京师赴考，听说李商隐与柳枝之约，想要与他开个玩笑，偷偷拿走了他的行李。行李之中，有衣物，有盘缠，还有诗文等重要物件。李商隐没办法，只好启程追赶。

李商隐离去得太匆忙，来不及给柳枝任何交代。他不知道，那个灵慧多情的少女抱着不见不散的心理，等了他整整一天，从日出到日落，从甜蜜微笑，满心欢喜，直到心如死灰，泪盈于睫。那博山炉中的香也早已熄灭，只有残余的香气，仿佛凋零的爱情。

走了之后，李商隐一直记挂着柳枝，记挂着他们之间的约定。后来他问李让山，李让山告诉他说，他走后不久，柳枝便被一位官员东诸侯看中娶走。柳枝是商人之女，地位卑微，被官员娶走，也许是做妾侍，也许是做歌伎。

李商隐得知之后，唏嘘不已。自他离开之后，总抱着一线希望，以为还有机会可以和那少女再见上面，却不知道，一转身便是一辈子。朋友的一个荒唐玩笑，让他和一见钟情的少女再也无法碰面。她的余生，从此与他没有半点关联。这擦肩而过的瞬间所发出的耀眼光亮，他记了一辈子。

与用扑朔迷离的诗谜来记录与宋华阳的爱情不同，李商隐在诗歌中明确记录了这段爱情，也表示了对这段失落的爱情的遗憾与惋惜。毕竟，这段恋情，从邂逅开始，便是两情相悦，有着青春里爱情特有的电光石火的心动与奋不顾身的冲动，而少女柳枝，又是那么纯情、大胆与美好，她仿佛就是青春本身。

开成元年（836年），李商隐写了一组诗，即《柳枝五首》。他为这组诗写了一个序言，短短几百字，讲述了一段完整的跌宕起伏的浪漫邂逅，并极精炼地刻画出一个灵慧美丽的少女形象：

> 柳枝，洛中里娘也。父饶好贾，风波死于湖上。其母不念他儿子，独念柳枝。生十七年，涂装绾髻，未尝竟，已复起去，吹叶嚼蕊，调丝撧管，作天海风涛之曲，幽忆怨断之音。居其旁，与其家接故往来者，闻十年尚相与，疑其醉眠梦物断不嫛。余从昆让山比柳枝居为近。他日春曾阴，让山下马柳枝南柳下，咏余燕台诗，柳枝惊问："谁人有此？谁人为是？"让山谓曰："此吾里中少年叔耳。"柳枝手断长带，结让山为赠叔乞诗。明日，余

比马出其巷，柳枝丫鬟毕妆，抱立扇下，风鄣一袖，指曰："若叔是？后三日，邻当去溅裙水上，以博山香待，与郎俱过。"余诺之。会所友有偕当诣京师者，戏盗余卧装以先，不果留。雪中让山至，且曰："为东诸侯娶去矣。"明年，让山复东，相背于戏上，因寓诗以墨其故处云。

实际上，这段唯美的爱情，还没有开始，就已经结束了，但柳枝的明眸皓齿，多才多艺，还有她对他诗歌的推崇与喜爱，都让他不断地遐想。假如朋友没有偷他的行李，假如柳枝能等他一年甚至是几个月，假如……结局，会是怎样？一定会很不一样。人生难得得一知己，虽然只有一面之缘，他笃定她就是他的知音，他的红颜知己，她读懂了他的诗，也就是读懂了他的心。

可惜的是，再没有了假如。

他和她擦肩而过，永远不见。

没有说出口的爱最耐人寻味。她成了他青春里一个美丽的惆怅，如同琥珀一般沉淀在他的记忆中，散发着淡淡的温暖的微光。

他只有把所有的美丽与惆怅都化作诗句。在《柳枝五首》里，选取了大量瑰艳的植物、动物意象，以喻指爱情：

花房与蜜脾，蜂雄蛱蝶雌。同时不同类，那复更相思。

雌蝶栖在花房中，雄蜂住在蜜脾里。它们虽然处于同一时空，有相遇的可能性，但是它们却是不同物种，哪里能坠入情网，彼此相思呢？骄傲的李商隐认为自己并非池中之物，而少女是商人之女，纵使这次不错过，也许社会地位的不匹配也会无法让他们在一起。他虽然这样安慰自己，但是心中始终是难以放下。他后来又作有一首《闺情》，也是说花房与蜜脾中的蜂蝶："红露花房白蜜脾，黄蜂紫蝶两参差。春窗一觉风流梦，却是同袍不得知。"

本是丁香树，春条结始生。玉作弹棋局，中心亦不平。

那少女如同一棵芬芳的丁香树，春天里会生出象征相思的丁香结，令自己和他人都陷入相思之中，心潮起伏，再难平静。仿佛用玉制成弹棋的棋盘，它的中心也是起伏不平的。

嘉瓜引蔓长，碧玉冰寒浆。东陵虽五色，不忍值牙香。

好瓜有着纤长的瓜蔓，像是碧玉浸在悠悠冰水之中。东陵瓜虽然五彩绚烂，但他却不忍去品尝，纵然知道那会齿颊留香。这里指的是少女已经嫁给了东陵侯，已经彻底跟他无缘了。

柳枝井上蟠，莲叶浦中干。锦鳞与绣羽，水陆有伤残。

柳枝轻轻飘拂在井上，莲叶在水边枯萎。飞鸟和鱼在天空和流水中，都分别受到了不同的伤害。这里指的是二人如飞鸟与鱼一般，各自思念，各自憔悴。锦鳞与绣羽，水陆有伤残。其实就是古典版的《飞鸟与鱼》："我是鱼，你是飞鸟。要不是你一次失速流离，要不是我一次张望关注，哪来这一场不被看好的眷与恋。你勇敢，我宿命。你是一只可以四处栖息的鸟，我是一尾早已没了体温的鱼。蓝的天，蓝的海，难为了我和你……"齐豫的这首歌，歌唱着爱而不得的美丽与忧伤，与李商隐这首诗的诗境很有相通之处。

画屏绣步障，物物自成双。如何湖上望，只是见鸳鸯。

无论是画屏还是绣障上，所有的物体都是双双对对，就算是向湖里望去，也是望见双双对对的鸳鸯。为何自己却是形单影只，没有心爱的少女在自己身边呢？

李商隐·《自南山北归经分水岭》

水急愁无地，山深故有云。那通极目望，又作断肠分。

郑驿来虽及，燕台哭不闻。犹馀遗意在，许刻镇南勋。

一朝中举｜安危须共主君忧

唐文宗开成元年（836年），李商隐又一次来到长安赴考。考完之后，他独自一人来到曲江散心。

曲江是唐代长安最大的名胜风景区，风景旖旎迷人，因园内有河水水流曲折，因此得名。秦时为宜春苑，汉时为乐游原。隋文帝时改曲江名为芙蓉园，唐时则复名曲江。唐玄宗时期还对曲江进行了大规模扩建，修建了紫云楼、彩霞亭、临水亭、水殿、山楼等建筑，曲江成为皇族和士子们喜爱的游玩之地。"花卉环周，烟水明媚。都人游赏，盛于中和上已之节"。昔日杜甫曾作《曲江》二首，描写曲江之醉人春色：

一片花飞减却春，风飘万点正愁人。且看欲尽花经眼，莫厌伤多酒入唇。

江上小堂巢翡翠，苑边高冢卧麒麟。细推物理须行乐，何用浮名绊此身。

朝回日日典春衣，每日江头尽醉归。酒债寻常行处有，人生七十古来稀。

穿花蛱蝶深深见，点水蜻蜓款款飞。传语风光共流转，暂时相赏莫相违。

后来安史之乱爆发，唐玄宗出逃，长安沦陷，唐肃宗即位。杜甫去投奔唐肃宗，被安史叛军抓获。他设法脱逃后，沿长安城东南的曲江行走，想起昔日胜景，再看眼前寥落，胸中涌动着巨大的悲哀，当即写下《哀江头》一诗：

少陵野老吞声哭，春日潜行曲江曲。江头宫殿锁千门，细柳新蒲为谁绿？

忆昔霓旌下南苑，苑中万物生颜色。昭阳殿里第一人，同辇随君侍君侧。

辇前才人带弓箭，白马嚼啮黄金勒。翻身向天仰射云，一笑正坠双飞翼。

明眸皓齿今何在？血污游魂归不得。清渭东流剑阁深，去住彼此无消息。

人生有情泪沾臆，江水江花岂终极！黄昏胡骑尘满城，欲往城南望城北。

《诗人玉屑》赞这首诗："其词气如百金战马，注坡蓦涧，如履平地，得诗人之遗法。"

太和九年（835年）二月，唐文宗派神策军修治曲江。十月，赐百官宴于曲江。十一月，甘露之变发生。彼时唐文宗与宰相李训、凤翔节度使郑注共谋诛灭宦官，从为害朝纲的宦官手中夺权。这月二十一日，李训派人谎称左金吾大厅后石榴树上夜降甘露，想诱骗宦官仇士良等前去验看，趁机诛杀他们，但被眼尖的宦官发现了伏兵的存在。

宦官立刻回殿劫持唐文宗入宫，并对朝廷官员开展报复性捕杀。除李训被杀外，王涯、贾𬤇、舒元舆、王璠、郭行余等重要官员也株连被杀，并牵连到其家人，前后被杀的达一千多人。史称"甘露之变"。从此宦官更大权在握，文宗形同软禁，处处受制。甘露之变发生后不久，朝廷下令罢修曲江。本希望能有一番作为的唐文宗经此打击，雄心壮志几乎全被消磨殆尽。

李商隐来到曲江之时，正是甘露之变的第二年，曲江不复当年风采，冷清稀落之极，他不由得想起杜甫那首著名的《哀江头》。杜甫当时是经历了安史之乱，而自己则是感受了甘露之变，虽然时代不同，但是他胸中涌起的苍凉与悲恸，跟杜甫是极为类似的。眼前荒废凄凉的曲江就是王朝兴亡的一个重要见证。李商隐于是挥笔写下一首《曲江》：

望断平时翠辇过，空闻子夜鬼悲歌。

金舆不返倾城色，玉殿犹分下苑波。

死忆华亭闻唳鹤，老忧王室泣铜驼。

天荒地变心虽折，若比伤春意未多。

李商隐诗学李贺，也学杜甫，此篇则糅合了李贺的瑰奇与杜甫的沉郁。开篇渲染曲江的荒凉凄惨，尔后用西晋陆机"华亭鹤唳"之典，痛惋甘露之变中无辜惨死的朝臣，用西晋索靖"泣铜驼"之典，感叹唐王朝之风雨飘摇、岌岌可危。因此他"伤春"不已，这里的伤春指的是对国家的命运的关注与忧虑。《唐宋诗举要》评道："悲愤深曲，得老杜之神髓。"

不久，礼部放榜，满怀期待的李商隐不幸又一次落榜。这一次，他真的有点愤怒了。之前，他来长安之时，曾经去看望时任左拾遗的令狐绹。这次落榜，他也无心再和令狐绹会面道别，于是就写了一封《别令狐拾遗书》以作别。

书信中说："尔来足下仕益达，仆困不动，固不能有常合而有常离。"李商隐已经深深认识到两人地位的差别导致了两人仕途和处境的差别，但他仍抱有一份诗人的天真，恩师令狐楚的推崇和欣赏让他习惯以平等的朋友的态度来对待令狐绹，全不管令狐绹是否把他当作朋友，在书信中称赞二人的友谊："足下与仆，于天独何禀，当此世生而不同此世，每一会面一分散，至于慨然相执手，翚然相戚，泫然相泣者，岂于此世有他事哉。"他讽刺官场的趋炎附势："今日赤肝脑相怜，明日众相唾辱，皆自其时之与势耳。时之不在，势之移去，虽百仁义我，百忠信我，我尚不顾矣，岂不顾已，而又唾之，足下果谓市道何如哉？"

这一年，李商隐写下了他著名的《有感二首》，诗前小序道："乙卯年有感，丙辰年诗成。"乙卯年是835年，丙辰年是836年，可知这两首诗是因为有感于835年的甘露之变而思考酝酿，最终于836年完成的：

> 九服归元化，三灵叶睿图。如何本初辈，自取屈牦诛。
>
> 有甚当车泣，因劳下殿趋。何成奏云物，直是灭蓬符。
>
> 证逮符书密，辞连性命俱。竟缘尊汉相，不早辨胡雏。
>
> 鬼箓分朝部，军烽照上都。敢云堪恸哭，未免怨洪炉。

> 丹陛犹敷奏，彤庭欻战争。临危对卢植，始悔用庞萌。
>
> 御仗收前殿，兵徒剧背城。苍黄五色棒，掩遏一阳生。
>
> 古有清君侧，今非乏老成。素心虽未易，此举太无名。
>
> 谁瞑衔冤目，宁吞欲绝声。近闻开寿宴，不废用咸英。

《有感二首》被认为是李商隐政论诗的极致之作，诗中多用典故，隐晦地评论了那段历史。他指责李训、郑注，"自取屈耗诛""直是灭蓬符"，使不少人无辜被杀。他也批评文宗，"不早辨胡雏""今非乏老成"，实在是用人不察，为何不与老成之人谋划。他更激烈地斥责宦官，希望能"清君侧"，他也为受牵连的无辜大臣而感到悲悯，称他们"衔冤""吞声"。

当时同时代的诗人里，只有李商隐勇敢地发出了自己的声音。闲居洛阳的白居易也作有《咏史》，但不过是叹息政坛瞬息万变，不如归隐而去，像"商山四皓"一般逍遥自在，"可怜黄绮入商洛，闲卧白云歌紫芝"，诗中是置身事外的淡然。而以"商山四皓"为名的李商隐却直面这惨淡的现实，抨击议论，痛心疾首。这两首诗可算得上是李商隐早期诗作中的翘楚之作，也标志着他的创作进入了一个成熟期。

文宗开成二年（837年），李商隐终于考取了进士资格。从太和四年（830年）初次应考算起，他已经花去了八年的时光，经历了多次失败。不过好在此时，他仍然年轻，才二十六岁。

早在太和四年（830年），令狐绹就一举考中了进士。令狐绹的才华自然远不如李商隐，但是他是令狐楚的儿子，这个身份象征着地位，也让他在仕途上春风得意，扶摇而上。

李商隐自持才学，对科举之中的各种潜规则是不屑一顾的，但随着一次又一次的失败，他开始疑惑和郁闷起来。在《送从翁从东川弘农尚书幕》诗中，他将考官比喻成阻挠他成功的小人："鸾皇期一举，燕雀不相饶。"

他终于开始想求助于恩师，毕竟，凭着令狐楚对李商隐的赏识，这个要求完全不算过分。令狐楚将自己一身文才倾囊相授给李商隐，早就有希望他能够接自己衣钵之意。李商隐也明白恩师这个意思，但是他总觉得凭自己一身才华，肯定不需要恩师相助就能获得成功，可如今他隐隐明白现实并非如此。

然而，他依然羞于向恩师开口。于是之前的一年，李商隐写了一封

《上崔华州书》，希望能得到华州防御使崔龟的推荐而登进士第：

> 中丞阁下，愚生二十五年矣。五年读经书，七年弄笔砚，始闻长老言，学道必求古，为文必有师法。常悒悒不快，退自思曰："夫所谓道，岂古所谓周公、孔子者独能邪？盖愚与周孔俱身之耳。"以是有行道不系今古，直挥笔为文，不能攘取经史，讳忌时世。百经万书，异品殊流，又岂能意分出其下哉。

> 凡为进士者五年。始为故贾相国所憎，明年病不试，又明年复为今崔宣州所不取。居五年间，未曾衣袖文章，谒人求知，必待其恐不得识其面，恐不得读其书，然后乃出。呜呼！愚之道可谓强矣，可谓穷矣。宁济其魂魄，安养其气志，成其强，拂其穷，惟阁下可望。辄尽以旧所为发露左右，恐其意犹未宣泄，故复有是说。某再拜。

这封信尽管是请求推荐，但是整篇洋洋洒洒，都是骄傲自信的书生意气，毫无谦卑求肯之意，因此毫无意外地没有收到崔龟任何回应，但是这一年，令狐家族终于有所动作了。

令狐楚见心爱的弟子一直奔波在赴考之路上，将时间与精力白白浪费，惋惜不已，嘱咐了儿子令狐绹为其出言，并且又给李商隐送来了赴考的费用。李商隐不胜感激，写下了《上令狐相公状之四》：

伏奉月日荣示，兼及前件绡等。退省屏庸，久尘恩煦。致之华馆，待以喜宾。德异颜回，箪瓢不称于亚圣；行非刘实，薪水每累于主人。束帛是将，千里而远。蕴袍十载，方见于改为；大雪丈馀，免虞于僵卧。下情无任捧戴感励之至。

在这篇文里，李商隐提到了一个细节，就是他用令狐楚送他的这笔钱还买了一件新衣服。以前的旧衣服已经穿了十年，穿得破破烂烂。有了这件新衣服，他去参加考试也能够更加体面一点，为此他对令狐楚非常感激。可见李商隐家境之寒酸，也可见令狐楚对李商隐的爱护。李商隐不仅要养自己，还要养老母和弟妹，平素定是舍不得给自己买任何好东西，因此，这次令狐楚就特地多给了他一些费用，让他除了赴考，还能买些其他的事物，包括衣物。

李商隐穿上了新衣服，感觉自己从头到脚都焕然一新，精神也为之一振。他默默希望，这次赴考，能够有好的一个结果，不要再是当头一瓢冷水。他的愿望，终于实现了。与他身上的新衣服一样，这次的好成绩，依然是令狐家出手相助。

那一年，知贡举（主考官）高锴问令狐绹："八郎（令狐绹在家族中排行第八）之友谁最善？"令狐绹回答："李商隐。"高锴连问三遍，令狐绹都回答李商隐。于是，一切都水到渠成。

李商隐其实也想到了，令狐父子的一句话胜过他千万个夜晚因苦读而洒下的汗水，也胜过他被广泛传唱赞颂的诸多诗篇，只是，他总是存了一线希望，万一能凭自己的能力考上呢？

诗人总是天真，而现实总是残酷。

中举之后的李商隐，心里是欢喜的，但这欢喜不免打了折扣。他少年失父，独立支撑，成长成才，于是以为真的可以靠自己的能力闯出一片天，但现实给了他一个深刻的教训。他得依靠某棵枝繁叶茂、根深蒂固的大树，比如说，恩师令狐楚。

没有恩师家族的帮助，他再有才也无法在那张榜单上看到自己的名字，他也牢牢记住了令狐绹的这次出手相助，在《与陶进士书》中记录了这件事：

故自太和七年后，虽尚应举，除吉凶书及人凭倩作笺启铭表之外，不复作文。文尚不复作，况复能学人行卷耶？时独令狐补阙最相厚，岁岁为写出旧文纳贡院。既得引试，会故人夏口主举人，时素重令狐贤明，一日见之于朝，揖曰："八郎之交谁最善？"绹直进曰："李商隐"者。三道而退，亦不为荐托之辞，故夏口与及第。然此时实于文章懈退，不复细意经营述作，乃命合为夏口门人之一数耳。

得知中举喜讯后，李商隐立刻在长安给令狐楚发了一封报喜信，信中之言语对恩师充满感激之意：

今月二十四日礼部放榜，某儌幸成名，不任感庆。某材非秀异，文谢清华，幸忝科名，皆由奖饰。昔马融立学，不闻荐彼门人；孔光当权，讵肯言其弟子？岂若四丈屈于公道，申以私恩，培树孤株，骞腾短羽。自卵而翼，皆出于生成；碎首糜躯，莫知其报效。瞻望旌棨，无任戴恩陨涕之至。

五代王定保所著的《唐摭言》载："神龙以来，杏园宴后，皆于慈恩寺塔下题名，同年中推一善书者纪之。"中举之后，李商隐按照唐代新科进士的惯例，拜过座师，吃过杏园宴，开开心心地在雁塔刻石留名，走过了所有必经流程之后，便匆匆赶去济源。此时他的母亲和弟妹们都在济源，他要赶紧回去把这个喜讯告诉他们。唐代进士及第后还要通过吏部主持的制科考试，才能做官。因此，李商隐还有一些时间备考。

李商隐回去后不久，就接到了令狐楚的信，此时令狐楚正在兴元尹充山南西道节度使任上。令狐楚希望心爱的弟子能到他身边来帮他处理一些文书事务。令狐楚没有在信中说明的是，他已经感到身体不适，迫切希望弟子赶快来到身边交代后事，或许还有很多话跟他说，但李商隐并未理解恩师的意思，因为在家中他是长子，还要忙着安置老母和弟妹等诸多杂事，因此他就回信给令狐楚，希望能在家多待一段时间，秋后再动身过来，是为《上令狐相公状六》：

前月七日，过关试讫。伏以经年滞留，自春宴集，虽怀归苦无其长道，而适远方俟于聚粮。即以今月二十七日东下。伏思自依门馆，行将十年；久负梯媒，方沾一第。仍世之徽音免坠，平生之志业无亏。信其自强，亦未臻此。愿言丹慊，实誓朝暾。虽济上汉中，风烟特异；而恩门故国，道里斯同。北堂之恋方深，东阁之知未谢。夙宵感激，去住彷徨。彼谢掾辞归，系情于皋壤；杨朱下泣，结念于路歧。以方兹辰，未偕卑素。况自今岁，累蒙荣示，轸其飘泊，务以慰安。促曳裾之期，问改辕之日，五交辟而未盛，十从事而非贤。仰望辉光，不胜负荷。至中秋方遂专往起居未间。瞻望旌旄，如阔天地。伏惟俯赐照察。

令狐楚几次三番地给李商隐去信催促他来兴元，他的病况越发沉重了。李商隐对恩师的病情毫不知情。当他处理完济源的事情之后，不知道什么原因，并没有立刻赶到兴元，而是回到了长安。也许是这进士之路一路走来太过艰难，他很想给自己放一个假，享受一下难得的清闲时光，难得地任性一下。孟郊在四十多岁中举之后意气风发，曾作有《登科后》："昔日龌龊不足夸，今朝放荡思无涯。春风得意马蹄疾，一日看尽长安花。"多年苦读，一朝中举，终于一吐胸中抑郁之气，适当放松也是人之常情。

而且，他也到了成婚的年龄，急需找到一个合适的姑娘缔结好姻缘。五代王定保曾在《唐摭言》记录唐代进士放榜之后的盛况："曲江之宴，行市罗列，长安几于半空。公卿家率以其日拣选东床，车马填塞，莫可殚述。"公卿之家热衷于在新进士中找女婿，李商隐也想着趁这个时候，把自己的婚事给定下来。

李商隐回到长安之后，得知同榜进士、好友韩瞻已经成婚，娶的是泾原节度使王茂元的第六女，并且正在督造由王茂元出资修建的新居。新居建成之后，李商隐前来道贺，并作下《韩同年新居饯韩西迎家室戏赠》：

> 籍籍征西万户侯，新缘贵婿起朱楼。
>
> 一名我漫居先甲，千骑君翻在上头。
>
> 云路招邀回彩凤，天河迢递笑牵牛。
>
> 南朝禁脔无人近，瘦尽琼枝咏四愁。

作为同榜进士，李商隐和韩瞻关系十分亲近，这首诗也是带有戏谑的口吻，十分活泼，调侃他"贵婿起朱楼"，在进士及第的榜文上，按照徐松《登科记考》开成二年（837年）的记录，李商隐的名次在韩瞻之前。而在结婚这件事上韩瞻却抢在他的前头了。此为"一名我漫居先甲，千骑君翻在上头"。

李商隐待在长沙期间，应该是常来韩瞻豪宅作客，后来他又写了《寄恼韩同年二首》（时韩住萧洞）：

> 帘外辛夷定已开，开时莫放艳阳回。
>
> 年华若到经风雨，便是胡僧话劫灰。

帘子外的辛夷花已经开了。辛夷花为早春绽放之花，又名紫玉兰，花瓣是轻柔的紫，颇有几分李商隐诗中的瑰艳之感。这首诗里，李商隐用了一个佛教典故"劫灰"。传说汉武帝开凿昆明池，挖出黑灰，便问东方朔此为何物，东方朔答可问西域梵人。后来果然有西域僧人竺法兰来到长安，见其物道："世界终尽，劫火洞烧，此灰是也。"诗中之意自然是劝说韩瞻珍惜这值得千金的好时光。

> 龙山晴雪凤楼霞，洞里迷人有几家。
>
> 我为伤春心自醉，不劳君劝石榴花。

这几句则是用刘阮遇仙的故事。汉明帝永平五年，剡县刘晨、阮肇共入天台山，遇到两位姿质妙绝的仙女，遂流连缱绻，结为夫妻。半年后二人思乡而返，发现亲旧零落，邑屋改异，无复相识，只遇到了自己的七世孙。原来"山中方一日，世上几千年"，他们在山中停留半年，而尘世中却是几百年过去了。此事见载于南朝宋刘义庆的《幽明录》。

李商隐对韩瞻有着隐隐的羡慕，好友得遇仙女一般的人儿，那他是否也能像好友那般运气呢？这里石榴花是指石榴酒。李商隐说自己因为伤春心都陷入迷醉了，而朋友还在欢喜的懵懂中不停地向自己劝石榴酒。岂知酒入愁肠愁更愁啊。

其间，李商隐在长安还写了两首五言古诗，即《哭遂州萧侍郎二十四韵》和《哭虔州杨侍郎》（虞卿），纪念两位在朝廷党争中无辜死去的两位大臣。萧侍郎是指萧浣，杨侍郎是指杨虞卿，二人都是"牛李党争"中"牛党"的重要人物。

在太和九年夏秋两季，唐文宗为削弱宦官的势力，重用李训、郑注等人与宦官势力对抗。而李、郑二人则趁机排斥异己，贬黜流放与自己政见不同的大批官员。史载，九月癸卯朔，奸臣李训、郑注用事，不附己者，即时贬黜，朝廷悚震，人不自安。是日，下诏曰："朕承天之序，烛理未明，劳虚襟以求贤，励宽德以容众。顷者台辅乖弼谐之道，而具僚扇朋比之风，翕然相从，实蠹彝宪。致使薰莸共器，贤不肖并驰，退迹者咸后时之夫，登门者有迎吠之客。缪盭之气，堙郁未平，而望阴阳顺时，疵疠不作，朝廷清肃，班列和安，自古及今，未尝有也。今既再申朝典，一变浇风，扫清朋附之徒，匡饬贞廉之俗，凡百卿士，惟新令猷。如闻周行之中，尚蓄疑惧，或有妄相指目，令不自安，今兹旷然，明喻朕意。应与宗闵、德裕或新或故及门生旧吏等，除今日已前放黜之外，一切不问。"

当时流言四起，民间传言郑注正在给唐文宗炼合金丹，需要小儿心肝，并秘密捕捉民间小儿。流言扩散，人心惶惶。杨虞卿政敌、御史大夫李固言便陷害京兆尹杨虞卿说是他的随从散布谣言。于是文宗龙颜大怒，杨虞卿含冤入狱，被一再远谪，而萧浣之贬则是受杨虞卿牵连。

萧浣在党争中失败后，还没有等到东山再起的机会，就死在了遂州。昔日萧浣对李商隐有知遇之恩，是他生命中继令狐楚之后的第二个贵人，他死得如此凄凉，李商隐为他感到悲哀不已，认为他着实冤枉。在《哭遂州萧侍郎二十四韵》（萧浣）中，李商隐也毫不避讳地说："初惊逐客议，旋骇党人冤。"

遥作时多难，先令祸有源。初惊逐客议，旋骇党人冤。

密侍荣方入，司刑望愈尊。皆因优诏用，实有谏书存。

苦雾三辰没，穷阴四塞昏。虎威狐更假，隼击鸟逾喧。

徒欲心存阙，终遭耳属垣。遗音和蜀魄，易簧对巴猿。

有女悲初寡，无男泣过门。朝争屈原草，庙馁莫敖魂。

迥阁伤神峻，长江极望翻。青云宁寄意，白骨始沾恩。

早岁思东阁，为邦属故园。登舟惭郭泰，解榻愧陈蕃。

分以忘年契，情犹锡类敦。公先真帝子，我系本王孙。

啸傲张高盖，从容接短辕。秋吟小山桂，春醉后堂萱。

自叹离通籍，何尝忘叫阍。不成穿圹入，终拟上书论。

多士还鱼贯，云谁正骏奔。暂能诛倏忽，长与问乾坤。

蚁漏三泉路，蜇啼百草根。始知同泰讲，徼福是虚言。

李商隐还沉浸在萧浣逝世的悲痛中时，又一个噩耗传来：令狐楚病重！

秋末冬初，李商隐终于得到消息，对他来说不啻于晴天霹雳。他立刻放下手中的一切事物，直接从长安赶到兴元令狐楚处。然而等他赶到之时，令狐楚已经卧床不起了。此时离他及第已经九个多月，恩师于病榻之上心心念念盼着弟子来到身边，也盼了九个多月。

李商隐从未想到，恩师会病得如此之重。假如他知道，他是无论如何都要及时陪伴在恩师身边的。在他心里面，恩师不只是老师，也是他的亲人，他一直以来都那么辛苦，他知道恩师能包容他小小的任性与放纵，但没想到恩师竟然会一病不起。

愧疚之余，他立刻起草了一份《为彭阳公兴元请寻医表》，为恩师寻找名医。令狐楚自知时日无多，得见心爱弟子，心中陡然轻松了，满目慈爱地拉着他的手问长问短，并没有责怪他来迟，而令狐绹对李商隐则是大为不满，认为他对自己的父亲忘恩负义，一中进士就忘了老师，老师缠绵病榻如此之久，也没有来看望。这也是后来令狐家族与李商隐疏离的重要原因之一。

临终前一日，令狐楚召唤李商隐到身边，慈爱地说："吾气魄已殚，情思俱尽，然所怀未已，强欲自写闻天，恐辞语乖舛，子当助我成之。"于是，他便要李商隐代为撰写遗表，向皇帝上书，请求皇帝为"甘露之变"中冤死的大臣昭雪。

其实令狐楚本人就是写这类文字的绝顶高手，他之所以让李商隐代笔，是出于对李商隐的爱护和信任，也抱着希望皇帝能发现李商隐出色才能的想法，这个在皇帝面前露脸的难得机会，令狐楚并没有给自己的儿子令狐绹，而是给了李商隐。自然，令狐绹对李商隐更加嫉妒了。

令狐楚逝世后，李商隐悲不自胜。令狐楚对他一向慈爱温和，且对他抱着很大期望，实在把他看成自己的儿子一般，而在他的心里，也早已把令狐楚当作了自己的父亲，然而这棵大树却毫无预兆地倒下了。是令狐楚把他带入了士大夫阶层，让他从底层真正走了出来，接触到从没有接触过的世界，也是令狐楚多次出资资助，才让他能一次次顺利赴考。最终也是因为令狐楚的缘故，李商隐才能登第。令狐楚是他生命里第一个贵人，也是最重要的贵人。如今，恩师还没有来得及看他大展拳脚，一飞冲天，还没有看到他如何尽自己的能力回报恩情，就溘然长逝，永不相见了。

他痛悔自己为何没有早点来到恩师身边，想起过去点点滴滴的恩惠，李商隐蘸着眼泪，强忍着悲恸，写下了一篇《奠相国令狐公文》：

戊午岁丁未朔乙亥晦，弟子玉谿李商隐，叩头哭奠故相国赠司空彭阳公。呜呼！昔梦飞尘，从公车轮；今梦山阿，送以哀歌。古有从死，今无奈何！天平之年，大刀长戟。将军樽旁，一人衣白。十年忽然，蜩宣甲化。人誉公怜，人谮公骂。公高如天，愚卑如地。脱蟺如蛇，如气之易。愚调京下，公病梁山。绝崖飞梁，山行一千。草奏天子，镌辞墓门。临绝丁宁，托尔而存。公此去耶，禁不时归。凤栖原上，新旧衮衣（公先人亦赠司空）。有泉者路，有夜者台。昔之去者，宜其在哉！圣有夫子，廉有伯夷。浮魂沉魄，公其与之。故山巍巍，玉谿在中。送公而归，一世蒿蓬。呜呼哀哉！

这年年底，李商隐与令狐绹兄弟一起侍奉令狐楚灵车回长安。他们从汉中行来，途径秦岭、大散关等，进入凤翔境内。途经今陕西宁强县北之嶓冢山时，他写下了一首《自南山北归经分水岭》：

> 水急愁无地，山深故有云。
>
> 那通极目望，又作断肠分。
>
> 郑驿来虽及，燕台哭不闻。
>
> 犹馀遗意在，许刻镇南勋。

《水经注》引《汉中记》曰："嶓冢以东，水皆东流；嶓冢以西，水皆西流。即其地势源流所归故俗以嶓冢为分水岭。"李商隐走到了一个地名上的分水岭，而他的人生又何尝不是走到了一个分水岭。他生命中的三个贵人，令狐楚、萧浣、崔戎都已逝世。尤其是令狐楚的逝世，对李商隐的打击是巨大的，有他在，李商隐的骄傲就还有人保护，前途就还有人庇佑，而他逝世后，李商隐又变回了那个彻底孤独的寒门学子。然而李商隐越来越亮眼的才华，也让令狐绹对他的嫉妒与压迫与日俱增。

在此期间，李商隐目睹了平民百姓的生活之苦，听到了他们的叹息之声，以及对昔日盛世大唐的回忆。回到长安之后，他模仿杜甫《北征》的笔调，作下了一首沉痛的《行次西郊作一百韵》：

> 蛇年建午月，我自梁还秦。南下大散关，北济渭之滨。
>
> 草木半舒坼，不类冰雪晨。又若夏苦热，燋卷无芳津。
>
> 高田长檞枥，下田长荆榛。农具弃道旁，饥牛死空墩。

依依过村落，十室无一存。存者皆面啼，无衣可迎宾。

…………

我听此言罢，冤愤如相焚。昔闻举一会，群盗为之奔。

又闻理与乱，在人不在天。我愿为此事，君前剖心肝。

叩头出鲜血，滂沱污紫宸。九重黯已隔，涕泗空沾唇。

使典作尚书，厮养为将军。慎勿道此言，此言未忍闻。

　　这首诗从神韵内容到写作手法，都在学习与模仿杜甫的《北征》，摒弃了他作无题诗时所擅长的瑰艳飘忽的诗风，而改用素朴语言与精炼描写，呈现出一路所见的民生现况，体现了对于社会问题的深度思考，表现出李商隐诗歌之中深切关注现实、关注时政的一面，后来更成为他作品之中最重要的篇章。

　　李商隐心情沉重地告别令狐绹，独自上路。就在路上，他偶然遇见了刘蕡。刘蕡，字去华，唐代宝历二年（826年）进士，"博学善属文，明春秋，沈健有谋，浩然有救世志。"祖籍幽州昌平（今北京昌平）。

　　太和一年（827年）举贤良方士时，刘蕡奋笔疾书，仗义执言，痛感四海困穷、民不聊生；斥责宦官乱政、误国误民。他笔下言语铿锵，句句如刀："今四海困穷，处处流散。饥者不得食，寒者不得衣，鳏寡孤独者不得存，老幼疾病者不得养。加以国权兵柄，专在左右，贪臣聚敛以固宠，奸吏夤缘而弄法。冤痛之声，上达于九天，下入于九泉，鬼神为之怨怒，阴阳为之愆错。君门九重，而不得告诉，士人无所归化，百姓无所归命。官乱人贫，盗贼并起，土崩之势，危在旦夕……"

他并非不知道这样会有怎样的后果，但他早已将生死置之度外："臣非不知言发而祸应，计行而身戮，盖所以痛社稷之危，哀生人之困，岂忍姑息时忌，窃陛下一命之宠……今臣之来也，有司或不敢荐臣之言，陛下又无以察臣之心，退必戮于权臣之手……"

这便是后来广为称道的《对贤良方正直言极谏策》，被称为唐人奏议之中最为宏博之作。刘蕡也因此名扬天下，但他同时也彻底失去了政治前途。虽然他的才华与见解得到了当时考官和同榜进士的钦佩与称赞，但是毕竟触怒了大权在握的宦官。考官也不敢授以朝廷官职。"是年冯宿等为考策官，见蕡对嗟服，以为汉之鼌（错）董（仲舒）无以过。但中宫当途，畏之不敢取。"河南府参军李邰对人说道："刘蕡下第，我辈登科，实厚颜矣！"于是上疏，请以所授官职让于刘蕡，但被朝廷拒绝。令狐楚、牛僧孺等地方大官也敬重他的为人，纷纷聘请他为幕僚从事，授秘书郎，以师礼待之。

刘蕡是与令狐绹截然不同的一个人，他见识高超，极有才华，却是铁骨铮铮，不畏权贵，而李商隐恰恰也是这么一类人。物以类聚，人以群分，李商隐与刘蕡一见如故，便成为挚友，秉烛夜谈，相见恨晚。

只是，两人相聚时间非常短暂，很快就要告别对方，踏上彼此的征程。分离之际，李商隐颇为恋恋不舍，希望还能再见到这位意气相投的好友。

李商隐·《牡丹》

压径复缘沟，当窗又映楼。终销一国破，不蔽万金求。

鸾凤戏三岛，神仙居十洲。应怜萱草淡，却得号忘忧。

娶妻王氏｜欲书花叶寄朝云

在参与料理令狐楚的丧事后不久，李商隐应泾原节度使王茂元的聘请，去泾州（治今甘肃泾县北）做幕僚。

大约是由于好友韩瞻的推荐，王茂元得知有李商隐这么一个文采飞扬的大才子，于是便下了聘书请他去泾州。

王茂元对李商隐的才华非常欣赏。李商隐深受器重，常去王家参与宴饮，有一次，也是在宴会上，他偶然认识了王茂元的第七个女儿，也就是他的小女儿。

那日，少女自屏风之后盈盈步出，秀色夺人，真是丽若春梅绽雪，神如秋蕙披霜。她眼神明澈，秋波轻轻一转，便笼罩了一室的光华。她手上正拿着一个精致的金色镂空香熏球，香气缓缓袭来，不知道是熏香，还是花香，还是她身上的清香？李商隐的心，又一次怦然而动。她仿佛是他所向往的一个梦。

"谢公最小偏怜女"，小女儿总是会得到父母最多的爱怜，因此，王茂元的小女儿王氏双目纯澈晶莹，浸透着一缕不谙世事的纯净。她从小娇生惯养，气质高贵清华，笑起来如同清风明月，蹙眉时仿佛有花香沁人。而李商隐自童年之起一直漂泊受难，苦苦支撑，神情虽然温和，但眉目间始终带着一丝忧郁。此刻，她如同清凉泉水一般纤尘不染的目光，瞬间便安慰了他那颗饱经沧桑的灵魂。

他心旌摇曳，神思缱绻，回去之后，研墨执笔，写下了《无题二首》：

> 昨夜星辰昨夜风，画楼西畔桂堂东。
>
> 身无彩凤双飞翼，心有灵犀一点通。
>
> 隔座送钩春酒暖，分曹射覆蜡灯红。
>
> 嗟余听鼓应官去，走马兰台类转蓬。

昨晚星光闪烁，微风习习，在精美画楼的西畔，桂木厅堂的东边，他于宴会之上，见到了一个美丽的女子。虽然没有彩凤的双翼可以飞到她身边，但他和她四目相对，仿佛心有灵犀一般。宴会上的人们玩着隔座送钩、分曹射覆的游戏，觥筹交错，喧哗热闹之极，而他与她却是脉脉含情，以目传情。可惜的是，很快就听到更鼓的报晓声，他不得不离开宴会，赶紧骑马去当差，觉得自己就如同风中的蓬草，半点不由自己做主。

> 闻道阊门萼绿华，昔年相望抵天涯。
>
> 岂知一夜秦楼客，偷看吴王苑内花。

当年常听到人们谈论天上的仙子萼绿华，总觉得她距离自己十分遥远，便仿佛远隔天涯。谁知道自己竟能像秦楼客萧史那样参加盛宴，能得以一睹美人的珍重芳姿。萼绿华是道教传说中"颜色绝整"的一位青衣仙女。她曾从天上下凡，夜降凡人羊权家中，并赠给他诗及火浣布、金玉条脱等。李商隐用了萼绿华的典故，内心深处，自然是希望仙子一样的王氏姑娘能够像萼绿华垂青羊权那样，也垂青自己这个除了才华什么也没有的穷小子。

又是一个雨夜，而这夜的雨给了幕府中独自睡下的李商隐无限的憧憬与遐想。他望着窗外，写下了一首《细雨》：

帷飘白玉堂，簟卷碧牙床。

楚女当时意，萧萧发彩凉。

那晶莹细雨好像是白玉堂上飘拂的帷帘，又像是从碧牙床上翻卷的竹席。想象《楚辞》中的神女当时的神情体态，她披着乌黑光润的长发，给人如清凉之意，便如眼前的这细雨给人的感觉。李商隐所说的楚女，自然意有所指，指的是自己所爱恋的王氏姑娘了。

《玉溪生诗意》评道："细雨如发，因帐飘簟卷而怀当时之楚女，意自有托也。"《玉溪生诗说》则说："对照下笔，小诗之极有致者。"

晴日之时，他则想象着那少女闺房中的优雅裕静，作下《日射》：

日射纱窗风撼扉，香罗拭手春事违。

回廊四合掩寂寞，碧鹦鹉对红蔷薇。

太阳照射在纱窗之上，风儿轻吹着门扉，少女举起香罗小帕，轻轻擦拭着纤手，感叹春光即将逝去。回廊曲曲折折，却生出不胜寂寞之感。少女独自一人逗着碧色鹦鹉，抚着红色蔷薇。这首小诗极富美感，动静结合，余韵不绝。

彼时，他也在认真考虑婚嫁问题了。毕竟，先立业再成家，之前没有考中进士，一直没有谈婚论嫁，如今已经中举了，眼看会有大好前途，是不是能给少女一个可以托付的未来了呢。之前，他还写信给令狐绹，希望令狐绹能够帮自己做媒。彼时，李商隐为令狐绹的妹夫裴十四送行，写下这首赠诗《令狐八拾遗见招送裴十四归华州》：

二十中郎未足希，骊驹先自有光辉。

兰亭宴罢方回去，雪夜诗成道韫归。

汉苑风烟吹客梦，云台洞穴接郊扉。

嗟予久抱临邛渴，便欲因君问钓矶。

这首诗几乎句句用典。他称赞裴十四夫妇犹如王羲之和谢道韫，才华出众，堪为良配，言明自己已有"临邛之渴"，希望令狐绹能"问钓矶"。"临邛之渴"指的是司马相如琴挑卓文君的典故，"因君问钓矶"自然就是希望令狐绹能为自己牵线搭桥做一门亲事了。

他本还托人做媒，谁曾想到，爱情和姻缘竟在不期然间飘然而至。爱情本来便是遇见的，他幸运地遇见了一生所爱。

王氏姑娘和初恋柳枝、宋华阳完全不同，柳枝是还没开始就已经结束的恋情，最耐人寻味却也是最缥缈无着，宋华阳是公主身边的女道士，她是神秘的，高贵的，遥不可及的，他感到随时都要失去她，因此这恋情既是甜蜜，也夹杂着忧伤和悲哀，而王氏姑娘是大家闺秀，她是天真的，轻盈的，纯净的，他一想起她就感到温暖和踏实，心中的某个地方仿佛被柔软地慰藉了。他确定，她就是他想要携手度过一生的人。

李商隐后来写有一首《水天闲话旧事》，回忆他对那美貌少女不自觉的怦然心动：

月姊曾逢下彩蟾，倾城消息隔重帘。

已闻佩响知腰细，更辨弦声觉指纤。

暮雨自归山峭峭，秋河不动夜厌厌。

王昌且在墙东住，未必金堂得免嫌。

那少女生得极清秀美丽，仿佛月宫里的嫦娥仙子降临人间，而她的倾城容颜却隔着一层帘幕，影影绰绰。听到帘幕后她身上的环佩叮当作响，便能想象她腰肢的不盈一握，又听到她拨动琴弦的声音，便能想象到她手指的纤细修长。他始终无法得见芳颜，不由得惆怅不已，自暮雨中怏怏离去，秋山峭峭，银河清冷。

"王昌且在墙东住，未必金堂得免嫌"，则是用了关于王昌和莫愁的两个典故，王昌是唐诗中常见的情郎的代称，便跟檀郎一般。崔颢《古意》中有"十五嫁王昌，盈盈入画堂"之句。莫愁是唐诗中常见的美人的代称，沈佺期《古意》中有"卢家少妇郁金堂，海燕双栖玳瑁梁"之句。尾联说的是，那英俊男子就住在美貌女子家附近，虽然不得相见，但他们之间难道不会情愫暗生吗？

事实上，爱情的确萌生了。幸运的是，李商隐并不是单恋，王茂元的小女儿对李商隐也颇为钟情。爱情最美的时候，是还没有宣之于口，两人却已经互有默契的时候。

王茂元对李商隐也很中意，认为他非池中之物，很是爱惜他的才华。他乐于见到两个年轻人情愫暗生，便顺水推舟，将小女儿王氏许配给了李商隐。两家开始议婚。议婚之事由李十将军主持操办。这李十将军也是王茂元的女婿。

议婚之后的一个夏日傍晚，王氏随姐夫李十将军到曲江芙蓉苑纳凉观荷，李商隐被约前来相见。王氏见到李商隐，晕生双颊，娇羞无限。李商隐神思飘荡，心旌摇曳，见芙蓉苑中亭亭净植的荷花，便以《荷花》为题，作了一首诗：

> 都无色可并，不奈此香何。瑶席乘凉设，金羁落晚过。
> 回衾灯照绮，渡袜水沾罗。预想前秋别，离居梦棹歌。

夏日荷花艳光照人，所有的花儿在它面前都黯然失色，而它的芬芳也是香远益清，无花能比。李商隐同时写的《曲池》一诗有"日下繁香不自持，月中流艳与谁期"，也是赞美荷花的"香"和"艳"。李将军为乘凉而在曲江芙蓉苑设席，而他也在日落时分来到此地。待到游江归来，看到烛光淡淡照在锦被之上，禁不住想起刚刚在曲江见到的王氏姑娘，她渡水而来，江水打湿了罗袜。这一场景禁不住让他魂牵梦绕。然而到了秋天，就会要分别，心中不由得愁闷，假如分离，就只能在梦中相会了。好好珍惜眼前这无限甜蜜的时光吧。

这也许是李商隐一生之中最为明亮的时光。他所渴望的爱情之甜美以及家庭之温馨，似乎马上就要实现了。在此之前，他也已经顺利中举，也许可以给未来的妻子一个舒适安心的生活。欢喜之余，他写下了一首《牡丹》：

压径复缘沟，当窗又映楼。终销一国破，不啻万金求。
鸾凤戏三岛，神仙居十洲。应怜萱草淡，却得号忘忧。

牡丹本是盛世大唐的象征，而她在他心中，自然就是开得最艳的那朵牡丹。为何忘忧草的雅号要给清淡的萱草呢？牡丹雍容华贵，才是令人忘忧的呀。

写了一首之后，他意犹未尽，又挥笔写下了一首《牡丹》：

锦帏初卷卫夫人，绣被犹堆越鄂君。

垂手乱翻雕玉佩，招腰争舞郁金裙。

石家蜡烛何曾剪，荀令香炉可待熏。

我是梦中传彩笔，欲书花叶寄朝云。

这首诗里足足用了六则典故。第一句是春秋时孔子见卫灵公夫人南子之典，孔子对以美貌著称的南子行礼，南子隔着锦帷答拜。闻其声而不见其人，更令人想见其绝世容颜。此句以南子不动声色的风情来形容牡丹的风姿。第二句用春秋时鄂君之典，越女心悦鄂君，身着彩衣，此句以越女衣上之五色斑斓形容牡丹之色。第三四句则是以拟人手法描摹牡丹的风情，牡丹在风中袅娜，如同戴着玉佩、穿着郁金裙的少女们在柔美地舞蹈。第五句用晋代石崇之典，他是豪富之家，用蜡烛烧火，此句说牡丹光彩夺目，如同蜡烛之光。第六句则是用三国荀彧之典，荀彧品质高洁，才德出众，平日里极喜熏香，有"香令"之称，此句自然是称赞牡丹的芳香。第七句用梦中得五彩神笔因而写出锦绣文章的南朝江淹之典，第八句用战国宋玉笔下《高唐赋》中巫山神女之典，此二句说的是自己在梦中得到了江郎的五彩神笔，要在牡丹花叶上写下华彩文章，送给巫山神女，表明自己的爱慕之意。

他爱上她，而她也爱上他。世间最美好的事情，莫过于两情相悦。彼时两人未结丝萝，而内心深处却已经是心心相印。他和王氏情深义重，他相信他们的心灵之间有某种神秘的联系，他为她所写下的"身无彩凤双飞翼，心有灵犀一点通"，而这句诗也成了千古传诵的爱情名句。

新婚之后的生活，是长久辛劳忙碌的李商隐所拥有过的难得的惬意温柔的时光。妻子美貌贤德，给他带来了难以想象的甜蜜与温馨。他仿佛生平第一次知道，原来，人生还可以如此幸福。他此时作有《偶题二首》：

> 小亭闲眠微醉消，山榴海柏枝相交。
>
> 水文簟上琥珀枕，傍有堕钗双翠翘。
>
> 清月依微香露轻，曲房小院多逢迎。
>
> 春丛定见饶栖鸟，饮罢莫持红烛行。

他和妻子在小亭里微醉闲眠，看嫣红的石榴和翠绿的海柏枝叶相交。凉席上放置着精致的琥珀枕，妻子枕着枕头，她头上的钗坠轻轻摇动，一双翠翘越发青碧欲滴。夜晚，他们携手在月下的庭院里走着，淡淡的花香草气在他们身边浮动着，露水也在花叶上轻轻滚动。小院和诸多房屋似乎在欢迎着他们。这春天的花丛里，一定有不少小鸟儿躲藏在这里，因此，喝完酒从这庭院中回去，可不能拿着红烛行走。那亮光会吓跑了鸟儿的。

这两首《偶题》里的生活既香艳，又优雅恬静，表现出李商隐新婚的喜悦和满足。清人纪昀评价李商隐这首诗"艳而能逸"。

他又作有一首《东南》：

东南一望日中乌，欲逐羲和去得无？

且向秦楼棠树下，每朝先觅照罗敷。

"东南一望日中乌"，他往东南方向望去，望见灼灼一轮太阳。日中鸟是指金乌，《淮南子·精神篇》中说"日中有踆乌"，郭璞注解说"中有三足乌"，是一种会飞翔的太阳神鸟。"欲逐羲和去得无"，《山海经·大荒南经》中有"羲和者，帝俊之妻，生十日"，羲和是太阳之母，也是太阳女神，这里也是指的太阳。李商隐在这里，是表示自己希望能追随羲和而去，化作一缕阳光。

为什么要化作一缕阳光呢？"且向秦楼棠树下，每朝先觅照罗敷"，因为，他想在每一个清晨，都赶到那秦楼的棠树下，温柔地照耀着那罗敷一般美貌的姑娘。"罗敷"出自汉乐府《陌上桑》，后来也成了美女的代称。这位罗敷，自然是李商隐心爱的妻子王氏了。

他又写有《代赠》二首，名为代赠，实则也是写诗人自己心里温柔的相思之意：

楼上黄昏欲望休，玉梯横绝月中钩。

芭蕉不展丁香结，同向春风各自愁。

东南日出照高楼，楼上离人唱石州。

总把春山扫眉黛，不知供得几多愁。

婚后，李商隐的爱情开始沉淀得越发深沉。与王氏的爱，不像宋华阳那样虚无缥缈，更不像柳枝那样转瞬即逝，而是可以实实在在握于掌心的幸福。他对于自己的爱情与婚姻十分珍惜。多情的人容易薄情，然而他却很专情，也很深情。他和妻子的感情非常好。

夏日里，夫妻俩在庭院里携手漫步，走到池畔之时，见到水面清圆，一一风荷举，王氏喜爱那满池风荷，微笑自她的面颊上漫开，也如同一朵芙蓉。李商隐便写了一首《赠荷花》送给妻子：

> 世间花叶不相伦，花入金盆叶作尘。
>
> 惟有绿荷红菡萏，卷舒开合任天真。
>
> 此花此叶常相映，翠减红衰愁杀人。

世间之人对待花叶的态度截然不同，他们将花儿移栽在铜盆中，而叶子只能飘落化尘，但是花和叶本是相依相配的，只有绿色荷叶，才能将红色花朵衬托得更加美丽，叶子舒卷，花儿开合，显得自然如意。花叶长久地交相辉映，待到叶落花凋之时，则让人无限惆怅。这首诗以荷花的花叶相偎来比喻两人的此生不渝、生死相依，正如花叶共荣，花叶也同调。这是李商隐写给妻子的爱情誓言，也是李商隐对之前所作《荷花》的呼应。其中"惟有绿荷红菡萏，卷舒开合任天真"极美，也是李商隐理想中爱情的模样。

他此时还作有一首《为有》，以女子的口吻，来描摹爱情的甜蜜：

为有云屏无限娇，凤城寒尽怕春宵。

无端嫁得金龟婿，辜负香衾事早朝。

诗中的女子在屏风前坐起，无限娇媚。城中寒冷，然而屋子里春意融融。可惜丈夫就要早朝去了，不能多陪伴她。于是女子娇嗔，虽然嫁了金龟婿，但是他总是要辜负这大好春光匆匆跑去朝廷了。

李商隐·《效长吉》

长长汉殿眉，窄窄楚宫衣。

镜好鸾空舞，帘疏燕误飞。

君王不可问，昨夜约黄归。

为长吉传 | 古者世称大手笔

　　这段时间里，他还得到了一个意外的收获。那就是遇到了自己的偶像、著名诗人李贺的姐姐，完成了《李贺小传》这篇对他来说颇具意义的作品。

　　李贺出生于河南福昌（今河南宜阳），七岁便以诗作名动京师，有神童之称，得到韩愈、皇甫湜赏誉，却因元稹嫉妒，强说李贺父讳"晋肃"而不能应进士试，断了他的科举之路，于是李贺仅做过三年从九品小官奉礼郎。他醉心写诗，开辟了独属于自己的崭新文风，奇诡警迈，"如崇岩峭壁，万仞崛起"，"当时文士从而效之，无能仿佛者"，他也因此被称为"诗鬼"。

　　李贺生前曾自编四卷本诗集，临终前交由好友沈亚之保存。在他逝世十五年后，著名诗人杜牧受沈亚之之托，为其诗集作序，即《李长吉歌诗序》：

太和五年十月中，半夜时，舍外有疾呼传缄书者。牧曰："必有异，亟取火来。"及发之，果集贤学士沈公子明书一通，曰：我亡友李贺，元和中，义爱甚厚，日夕相与起居饮食。贺且死，尝授我平生所著歌诗，离为四编，凡二百三十三首。数年来，东西南北，良为已失去。今夕醉解，不复得寐，即阅理箧帙，忽得贺诗前所授我者。思理往事，凡与贺话言嬉游，一处所、一物候、一日一夕，一觞一饭，显显然无有忘弃者，不觉出涕。贺复无家室子弟得以给养恤问，尝恨想其人，咏味其言止矣。子厚于我，与我为贺集序，尽道其所来由，亦少解我意。

牧其夕不果以书道不可，明日就公谢，且曰："世谓贺才绝出，前让居数日，牧深惟。"公曰："公于诗为深妙奇博，且复尽知贺之得失短长，今实叙贺不让。"必不能当公意，如何，复就谢，极道所不敢叙贺。公曰："子固若是，是当慢我。"牧因不敢复辞，勉为贺叙，然终甚惭。

贺，唐皇诸孙，字长吉，元和中韩吏部亦颇道其歌诗。云烟绵联，不足为其态也；水之迢迢，不足为其情也；春之盎盎，不足为其和也；秋之明洁，不足为其格也；风樯阵马，不足为其勇也；瓦棺篆鼎，不足为其古也；时花美女，不足为其色也；荒国陊殿，梗莽丘垅，不足为其怨恨悲愁也；鲸呿鳌掷，牛鬼蛇神，不足为其虚荒诞幻也。盖骚之苗裔，理虽不及，辞或过之。骚有感怨刺怼，言及君臣理乱，时有以激发人意。乃贺所为，得无有是？贺复探寻前事，所以深叹恨古今未尝经道者，如金铜仙人辞汉歌、补梁庚肩吾宫体谣，求取情状，离绝远去，笔墨畦径间，亦殊不能知之。贺生二十七年死矣，世皆曰：使贺且未死，少加以理，奴仆命骚可也。

值得一提的是沈亚之这个人，也是当时出名的才子，善作传奇小说，风格和李贺的诗也很接近，瑰奇缥缈，作有《沈下贤集》十卷。李贺与之交好，曾为作《送沈亚之歌》。杜牧对沈亚之也很推崇，曾作下一首《沈下贤》：

> 斯人清唱何人和，草径苔芜不可寻。
> 一夕小敷山下梦，水如环佩月如襟。

而李商隐对这位李贺和杜牧共同的朋友也很欣赏，曾作过一首《拟沈下贤》：

> 千二百轻鸾，春衫瘦著宽。倚风行稍急，含雪语应寒。
> 带火遗金斗，兼珠碎玉盘。河阳看花过，曾不问潘安。

沈亚之不负李贺之托，全力为他出版诗集。杜牧不负沈亚之之托，作下了这篇诗序，让李贺的诗更加广为流传。而杜牧对李贺诗的评价："云烟绵联，不足为其态也；水之迢迢，不足为其情也；春之盎盎，不足为其和也；秋之明洁，不足为其格也；风樯阵马，不足为其勇也；瓦棺篆鼎，不足为其古也；时花美女，不足为其色也；荒国陊殿，梗莽丘垅，不足为其怨恨悲愁也；鲸呿鳌掷，牛鬼蛇神，不足为其虚荒诞幻也。"也让他成了李贺诗评的最权威者。

杜牧这段文采飞扬的诗评，后来还被清代曹雪芹模仿，在《红楼梦》中用以在《芙蓉女儿诔》中评价晴雯："忆女儿曩生之昔，其为质则金玉不足喻其贵，其为性则冰雪不足喻其洁，其为神则星日不足喻其精，其为貌则花月不足喻其色。"

李商隐早年诗学李贺，他几乎熟读了李贺的所有诗作，对这位才华横溢却又命运堪怜的诗人充满了崇拜和钦佩，可以说，李贺就是他的偶像。他诗作中的瑰奇艳丽之语，无不是学缘李贺再加以自己的发展。他曾写过《效长吉》：

> 长长汉殿眉，窄窄楚宫衣。
>
> 镜好鸾空舞，帘疏燕误飞。
>
> 君王不可问，昨夜约黄归。

诗题之中就明确表示是效李贺仿齐梁体一类作品所作。他的其他诗作之中，如《燕台诗》《河阳诗》《烧香诗》等作品，也是模仿李贺作品而作，如"幽兰泣露新香死"等句，就有着十分明显的李贺风格。李贺的诗广为流传，而诗人李贺究竟是个怎样的人，他是处于怎样的心情与境遇，如何以天才之笔挥洒下那样"想象奇谲，辞采诡丽"的诗篇，这是李商隐一直隐隐好奇的。

在与王氏成婚之后，李商隐偶然知道，原来，李贺有一个姐姐嫁给了王家，李贺还有一位好友王参元，就是岳父王茂元的弟弟。李商隐惊喜地发现，原来，他和偶像的距离如此之近！他禁不住向他们细细询问李贺的相貌、爱好以及各种轶事。李贺的姐姐此时已是年长妇人，但每次谈到那位天才诗人弟弟，总是又骄傲，又忧伤。从李贺姐姐断断续续的话语之中，李商隐脑海里渐渐有了一个李贺清晰的形象。

原来，李贺自幼体形纤瘦，双眉修长，手指也很长。他喜爱作诗，常苦吟不已，才思敏捷，能一挥而就。最先发现他的，是著名诗人韩愈，也是因为韩愈，李贺"七岁神童"之名始扬。李贺和王参元、杨敬之、权璩、崔植等朋友交好，常在早上与他们一同出去。他从不曾先确立题目再写诗，如他人那般凑合成篇，用作诗规范来约束自己。他作诗的方法与众不同，他作的诗都是有感而发，而不是为题而作。

李贺常常带着一个小书童，骑着一只瘦弱的驴子，背着一个又古又破的锦囊，漫无目的地行在路上。忽然间来了灵感，他便赶紧写下来投入囊中。等到晚上回来，他的母亲让婢女拿过锦囊取出里面的诗稿，见诗句很多，忍不住心疼，说道："这孩子要呕出心来才罢休呀。"于是就点上灯，送饭给李贺吃。

李贺让婢女取出草稿，研墨铺纸，把那些诗句补成一首首完整的诗，再投入其他袋子。只要不是碰上大醉及吊丧的日子，他全这样做，过后也不再去看那些作品。李贺作诗，就是这样呕心沥血。他把诗作当成了他的生命的意义，可以说，他是在用生命写诗。朋友王参元、杨敬之等经常过来从囊中取出诗稿抄好带走，为他保存好那些妙词佳句。

李贺常常独自骑驴来往于长安和洛阳之间，所到之处有时写了作品，也随意丢弃，所以沈子明家仅是保存下来的李贺的诗作只有四卷，实际上李贺创作极富，远远不止这些诗作，只是很多都在路上散佚了。

李商隐听到这里，唏嘘不已，很为李贺勤奋作诗的精神所感动。李贺的姐姐又告诉关于李贺的一件奇事。李贺临死之前，白天里忽然看到一个着红衣的人驾着红色的苍龙，拿着一块木板，上面写着远古的篆体字或石鼓文，说是召唤他上天去。李贺下床来磕头说："母亲老了，还生着病，我不想去。"红衣人笑道："天帝刚建成一座白玉楼，召你去为楼写记。天上的生活很是快乐，并不痛苦啊！"李贺独自哭泣，旁边的人全看见了，为之感伤不已。过了一会儿，李贺便气绝了。他所住的房屋的窗子里，有淡淡烟雾袅袅升空，还听到行车之声和奏乐之声。李贺的母亲赶紧制止他人的哭声，等了如同煮熟五斗小米那么长时间，李贺终于逝去了。

李商隐认为这个听起来十分奇异的故事不像是李贺姐姐随意编造的。李贺如此才高，却又如此短命，因此母亲和姐姐都宁愿相信，他是到天上去发挥他的才能，不似在人间这般怀才不遇。她们也相信李贺死时，应该是抱着美好的憧憬，没有痛苦。在这尘世间，他已经受够了苦楚。

李商隐感叹不已。他仰头看着碧蓝高远的天空，心中想着，难道天上确实有天帝吗？天帝也会有林苑园圃、宫殿房屋、亭观楼阁这些东西吗？如果真是如此，那么上天这么高远，天帝这么尊贵，天上也应该有文学才华超过这个世上的人物啊，为什么唯独对李贺眷顾而使他短命而死呢？难道是世上所说的有才华而且奇异的人，不仅仅地上少，就是天上也不多吗？李贺不过活了二十七年，所居职位不过是小小的奉礼太常，当时的人也多排挤诽谤他。又难道是特别有才华的人，天帝很重视他，而世人反倒不重视吗？又难道是人的见识会超过天帝吗？

李商隐一连几天，都在想着李贺的事情，他心里涌动着对李贺的深切同情，也思考着自身的处境。难道在这世间怀才不遇、遭受欺嫉就是天才的待遇吗？人世间为什么偏偏就不重视有才华的人。那么，他自己又何去何从？未来将会是怎样的模样？

这天，他终于磨墨铺纸，作下了一篇《李长吉小传》：

京兆杜牧为李长吉集序，状长吉之奇甚尽，世传之。长吉姊嫁王氏者，语长吉之事尤备。

长吉细瘦，通眉，长指爪，能苦吟疾书。最先为昌黎韩愈所知。所与游者，王参元、杨敬之、权璩、崔植辈为密，每旦日出与诸公游，未尝得题然后为诗，如他人思量牵合，以及程限为意。恒从小奚奴，骑距驴，背一古破锦囊，遇有所得，即书投囊中。及暮归．太夫人使婢受囊出之，见所书多．辄曰："是儿要当呕出心乃已尔。"上灯，与食。长吉从婢取书，研墨叠纸足成之，投他囊中。非大醉及吊丧日率如此，过亦不复省。王、杨辈时复来探取写去。长吉往往独骑往还京、洛，所至或时有著，随弃之，故沈子明家所余四卷而已。

长吉将死时，忽昼见一绯衣人，驾赤虬，持一板，书若太古篆或霹雳石文者，云当召长吉。长吉了不能读，欻下榻叩头，言："阿弥老且病，贺不愿去。"绯衣人笑曰："帝成白玉楼，立召君为记。天上差乐，不苦也。"长吉独泣，边人尽见之。少之，长吉气绝。常所居窗中，勃勃有烟气，闻行车嘒管之声。太夫人急止人哭，待之如炊五斗黍许时，长吉竟死。王氏姊非能造作谓长吉者，实所见如此。

呜呼，天苍苍而高也，上果有帝耶？帝果有苑囿、宫室、观阁之玩耶？苟信然，则天之高邈，帝之尊严，亦宜有人物文采愈此世者，何独眷眷于长吉而使其不寿耶？噫，又岂世所谓才而奇者，不独地上少，即天上亦不多耶？长吉生二十七年，位不过奉礼太常，时人亦多排摈毁斥之，又岂才而奇者，帝独重之，而人反不重耶？又岂人见会胜帝耶？

这篇文只有寥寥几百字，然而内容十分丰富，从李贺的外貌、交友到李贺的作诗方式和诗歌特点，再到他临死前的奇特传说，以及李商隐自己所抒发的对李贺的同情与惋惜之情。最后李商隐连发六个问句，也是借此抒发胸中的愤懑不平之意。

李贺死时，李商隐才四岁，杜牧也才十四岁。多年以后，作为晚唐最著名的双子星诗人，他们一个为李贺诗集作序，评价他诗歌的艺术成就，一个为李贺撰写小传，还原出一个醉心苦吟、为诗而生的天才诗人形象。

作完这篇关于李贺的小传，李商隐心里必定有了某种圆满。他用自己的方式完成了向偶像诗人李贺的致敬。后世的人们对李贺的印象，多从此篇而来。

李商隐·《春雨》

怅卧新春白袷衣，白门寥落意多违。

红楼隔雨相望冷，珠箔飘灯独自归。

远路应悲春晼晚，残霄犹得梦依稀。

玉珰缄札何由达，万里云罗一雁飞。

宦海浮沉 | 欲回天地入扁舟

李商隐在王茂元处，收获了与王茂元小女儿的爱情与婚姻，但是又一次让他没有想到的是，这段美满的婚姻，竟然阻碍了他的政治前途。

《新唐书·文艺传·李商隐》道："茂元善李德裕，而牛李党人蚩谪商隐，以为诡薄无行，共排笮之。"唐代中后期的官场就存在着牛党、李党之争，李党以李德裕为首，大多是高门大族出身的权贵子弟；牛党以牛僧孺为首，多是中下层官员家庭出身。王茂元与李德裕交好，被视为"李党"的成员；而令狐楚年辈甚高，多有政绩，亲近"牛党"，令狐绹后来位高权重，更是"牛党"重要人物。

因此，李商隐与"李党"成员王茂元女儿成亲的行为就解令狐家族被读为对"牛党"成员令狐绹的背叛，自然也被看成对恩师令狐楚的背叛。令狐绹认为，李商隐入王茂元幕府，以及后来入郑亚幕府，都是背弃令狐家的恩义，再加上之前，令狐楚病重，几次三番召李商隐前来，李商隐并未前来探望恩师，也算得上无情之极了。因此他对李商隐大为恚怒，刻意打压。从此，李商隐于仕途上便在牛李党争的夹缝之中艰难挣扎，再无出头之日。

在唐代，取得进士资格一般并不会立即授予官职，还需要再通过由吏部举办的考试。开成三年（838年）春天，李商隐去参加博学宏词科考试，主考官对他评价很高。李商隐天真地以为胜券在握，于是欢喜之下，写了三首小诗，即《漫成三首》：

> 不妨何范尽诗家，未解当年重物华。
>
> 远把龙山千里雪，将来拟并洛阳花。

> 沈约怜何逊，延年毁谢庄。
>
> 清新俱有得，名誉底相伤。

> 雾夕咏芙蕖，何郎得意初。
>
> 此时谁最赏，沈范两尚书。

第一首诗里，李商隐把自己比作南朝梁诗人何逊，把令狐楚比作南朝梁诗人范云，他们之前的感情襟怀清澈，便如鲍照笔下的"胡风吹朔雪，千里度龙山"，何逊笔下的诗句"昔去雪如花，今来花似雪"。第二首诗里，李商隐仍把自己比作何逊，把令狐楚比作沈约，同时把相互嫉妒的人比作颜延年和谢庄，沈约作为前辈，十分欣赏何逊，但颜延年和谢庄两人却互相诋毁。二人风格都颇为清新，各有韵致，为何相互伤害呢？第三首诗，李商隐还是把自己比作何逊，说自己刚出名时，有两位前辈最为赏识自己，就像范云和沈约赏识何逊一般。

这三首诗里，李商隐表达了对令狐楚等前辈的感激之情，以及对嫉妒自己的人的嘲笑之意，也表现出了对自己才华的信心满满。

但是，打击很快就来了。吏部放榜，李商隐去看榜，从第一行细细看到最后一行，榜上居然没有他的名字！李商隐完全不能相信这个事实，他盯着榜单足足看了好几遍，结果依然是没有自己的名字。这怎么可能？

李商隐赶紧去打听究竟是什么原因。后来才知道，他的确考得很好，考官也的确很满意，把他的名字报了上去，但是名单送到中书省时，一个负责审查的官员，因为他先后投靠过"牛李"两方，而指着他的名字说"此人不堪，抹去"。官员提起朱笔轻轻一抹，李商隐多年来的寒窗苦读与满心期待便毁于一旦。

忽然就背上了"不堪"的名声，这真是百口莫辩，委屈莫名。李商隐心中十分憋屈，无限悲怆。他对自己的才华始终充满自信乃至自负，总是满怀拯救苍生的政治理想，却一再被现实打击。他独自爬上高高的安定城楼，极目远眺，将胸中的愤懑不平之气，凝成一首《安定城楼》：

> 迢递高城百尺楼，绿杨枝外尽汀洲。
> 贾生少年虚垂泪，王粲春来更远游。

永忆江湖归白发，欲回天地入扁舟。

不知腐鼠成滋味，猜意鹓雏竟未休。

　　"迢递高城百尺楼，绿杨枝外尽汀洲"，在安定城楼处望向远方，高大城墙内又有百高城楼，在绿杨林子外是水中的沙洲。这是李商隐登高望远之后所看到的开阔之景。

　　"贾生少年虚垂泪，王粲春来更远游。"这里则是用了贾谊和王粲的典故。贾谊为西汉初年著名政论家、文学家，世称贾生。贾谊少有才名，文帝时任博士，迁太中大夫，后因遭受排挤谪为长沙王太傅，故后世亦称贾长沙、贾太傅。三年后被召回长安，为梁怀王任命为太傅。梁怀王坠马而死，贾谊深自歉疚，竟抑郁而亡，时仅三十三岁。王粲，东汉末年文学家，"建安七子"中成就最高的诗人，和贾谊同样是少有才名。因关中骚乱，前往荆州依靠刘表，郁郁不得志十余年，后归顺曹操，赐爵关内侯，魏国建立后任侍中。在随曹操南征北还途中，王粲病逝，终年四十一岁。这两位都是身怀大才然而不得施展的贤士，李商隐以他们自比，孤傲。

　　"永忆江湖归白发，欲回天地入扁舟"，这又是李商隐的名句，说的是他常常向往年老之后潇洒归隐江湖，想要在扭转乾坤后乘着一叶扁舟飘然远去。"事了拂衣去，深藏身与名"其实是许多文人的梦想，建功立业之后，再悠闲归于田园。昔日三国时期，刘备三顾茅庐，诸葛亮决定出山相助。临走时，诸葛亮嘱咐弟弟堵葛均道："吾受刘皇叔三顾之恩，不容不去也。汝可躬耕于此，以乐天时，勿得荒芜田亩。待吾功成名遂之日，即当归隐于此，以足天年。"他初出茅庐，便已怀着功成身退之心。李商隐胸中有大志，渴望得到施展，他并不是为追名逐利而来，只希望实现理想之后便如商山四皓一般归隐离去，但因才华出众而总是被宵小之辈嫉妒陷害。

"不知腐鼠成滋味，猜意鹓雏竟未休。"那些宵小之辈，如同猫头鹰一般，把腐臭的死鼠当作美味，竟担心高洁的鹓雏会来抢夺它。却不知真正的君子胸怀天下、心系苍生，其目的绝不在于名利。他们不能理解君子之高洁脱俗，就只能以小人之心度君子之腹。

这一句则是典出《庄子》。惠子相梁，庄子往见之，或谓惠子曰："庄子来，欲代子相。"于是惠子恐，搜于国中三日三夜。庄子往见之，曰："南方有鸟，其名为鹓雏，子知之乎？夫鹓雏发于南海，而飞于北海，非梧桐不止，非练实不食，非醴泉不饮。于是鸱得腐鼠，鹓雏过之，仰而视之曰：'吓！'今子欲以子之梁国而吓我邪？"庄子这番话的意思是，在南方有个鸟儿叫"鹓雏"（凤凰的一种），鹓雏从南海飞到北海，累了不遇到梧桐树不休息，饿了不是练实不吃，渴了不是醴泉水不喝。途中鹓雏遇到了一只猫头鹰，衔着一只死老鼠。那猫头鹰见鹓雏飞过，生怕鹓雏抢它的食物，于是便发出恐吓之声。庄子借这个故事讽刺惠施，在他看来，惠施贪恋权位，不过是如猫头鹰贪恋死老鼠一般，而自己是鹓雏一般高洁的人物，岂会屑与他争？

消息传到泾州，善解人意的王氏夫人担心丈夫，立即鸿雁传书，安慰李商隐。李商隐接到妻子来信后，深受感动，写下一首《无题》诗：

照梁初有情，出水旧知名。

裙衩芙蓉小，钗茸翡翠轻。

锦长书郑重，眉细恨分明。

莫近弹棋局，中心最不平。

他用最美的诗句形容自己的妻子。"照梁"出自宋玉《神女赋》："其始来也，耀乎如白日初出照屋梁。"妻子琦年玉貌，容光照人。"出水"出自曹植《洛神赋》："灼如芙蓉出绿波。"她如同出水芙蓉一般清纯，天然去雕饰。"裙衩芙蓉小，钗茸翡翠轻"，她的妆饰也是那样精致，裙子上有小朵的芙蓉，头钗上有茸茸花饰和翡翠玉饰。"锦长书郑重，眉细恨分明"，她给自己写信，一笔一画分外用心，"莫近弹棋局，中心最不平"，她殷殷告诫自己，不要被卷入政治漩涡，棋盘中心是最波澜不平的所在呀。

这时，李商隐心中也涌动着对妻子的思念缠绵之情，寂寞惆怅之意。相思，在这个春日的雨天显得格外浓郁空灵。于是，他写下了一首空灵惆怅的《春雨》：

怅卧新春白袷衣，白门寥落意多违。

红楼隔雨相望冷，珠箔飘灯独自归。

远路应悲春晼晚，残霄犹得梦依稀。

玉珰缄札何由达，万里云罗一雁飞。

诗中的李商隐，穿着一身白衣，怅然地躺在床上，隔着蒙蒙细雨凝视着一座红楼，只觉凄冷。细雨如同珠帘，灯光飘忽闪烁，这样的天气里，自己也只能独自归来，归来之后，身边也没有伊人相伴。路途遥遥，何处寄春愁？只有在梦中依稀与妻子相见。身边有玉珰一双，想作为信物寄给妻子，但如何能送达呢？见万里云天之中，有一只鸿雁刚刚飞过，那就托它捎去吧。

在长安应试博学鸿词科落第后，李商隐由长安动身回泾原，途经回中（今甘肃固原市），住在旅馆之中。暮春雨水颇多，旅馆院子里种了几株雍容华贵的牡丹，它们刚刚舒展了花瓣，正待娉婷生姿，就被风吹雨打，狼狈不堪。

李商隐看着一地凄凉败落的牡丹花瓣，不由得起了同病相怜之感。自己又何尝不是如这风雨中的牡丹一般被无情地摧残伤害呢？他写下了《回中牡丹为雨所败二首》：

下苑他年未可追，西州今日忽相期。

水亭暮雨寒犹在，罗荐春香暖不知。

舞蝶殷勤收落蕊，有人惆怅卧遥帷。

章台街里芳菲伴，且问宫腰损几枝？

昔日在曲江苑圃之中见过牡丹，那时的牡丹花开锦绣，雍容华贵，而今天在西州的风雨之中却忽然又遇到。此时水边的亭台黄昏时分下起大雨，寒气袭人，而当年在曲江边进士登第时睡下盖着的丝罗褥子依然在记忆中散发着春天的暖香。蝴蝶翩翩在落花旁飞舞，似是怜惜花儿，收集落蕊，而牡丹为雨所败，却如同美人遥卧帷帐，惆怅无比。长安章台街里牡丹虽然芳菲仍在，但日日舞于春风之中，不免也会如同瘦损腰身的美人，风姿不再。

> 浪笑榴花不及春，先期零落更愁人。
>
> 玉盘进泪伤心数，锦瑟惊弦破梦频。
>
> 万里重阴非旧圃，一年生意属流尘。
>
> 前溪舞罢君回顾，并觉今朝粉态新。

不要笑石榴花来不及赶在春天盛开，牡丹虽然花开正当时，却过早凋零，更是让人惆怅莫名。它硕大的花朵如洁白的玉盘一般，雨水打在花瓣上，如美人流泪，伤心不已。风雨越来越急，如同锦瑟急奏，堪破梦境。天空万里阴云密布，已不是过去可以在花圃里肆意娇艳的时候了，一年之中最富有生机的时分早已付予污泥流尘。等待来日花瓣落尽之时再来回想今日雨中之花，却会还感到它的粉态新妍。

李商隐心情沉重，但这还不是最差的时候，最差的时候也许还在来日。

这两首诗的格调比《安定城楼》更为哀伤凄婉，意境也更为瑰美朦胧，也标志着他独特创作风格的真正形成。《玉溪生年谱会笺》评道："通首皆婉恨语，凄然不忍卒读，必非艳情。"

开成四年（839年），李商隐再次参加授官考试。他这次考试居然奇迹般地没有发生任何意外，得以顺利通过，得到了秘书省校书郎的职位。他终于成了一名朝廷官员，尽管官阶很小，不过是正九品上阶，俸禄也很低微，所谓"芸阁官微不救贫"。

秘书省是古代专门管理国家藏书的中央机构。校书郎为九品上阶，"掌校雠典籍，订正讹误。"这个职务虽然是个小官，但发展前景较好，比较容易升为翰林学士或知制诰之类。大诗人白居易也是从校书郎的位置起步的，他曾作有《常乐里闲居偶题十六韵兼寄刘十五公舆王十……时为校书郎》

帝都名利场，鸡鸣无安居。独有懒慢者，日高头未梳。

工拙性不同，进退迹遂殊。幸逢太平代，天子好文儒。

小才难大用，典校在秘书。三旬两入省，因得养顽疏。

茅屋四五间，一马二仆夫。俸钱万六千，月给亦有余。

既无衣食牵，亦少人事拘。遂使少年心，日日常晏如。

勿言无知己，躁静各有徒。兰台七八人，出处与之俱。

旬时阻谈笑，旦夕望轩车。谁能雠校间，解带卧吾庐。

窗前有竹玩，门外有酒沽。何以待君子，数竿对一壶。

白居易当校书郎的时候，虽然俸禄低微，但可够衣食之资，尚有些微结余，而且工作也比较清闲。然而李商隐的压力显然比白居易要大得多，白居易当时是大龄未婚青年，独自一人逍遥自在，而李商隐要建功立业，对妻子和岳父有所交代，加上他还有老母和弟妹们要养活，弟弟一直没有考上进士，仍然在家备考，家里的顶梁柱就是李商隐一个人。再加上，李商隐幼年时的老师李处士已经逝世了，留下了两个年幼的儿子，素来为人厚道的李商隐念及师恩，也会时不时资助他们，这给他肩上又加上了一副担子。

李商隐对校书郎这个工作，无疑也是比较满意的。他终于对自己的未来看到了一线曙光。秘书省广藏天下图书，其中不乏珍稀版本。工作之余，李商隐就一头扎进书海，如饥似渴地读书。他本来就喜欢在诗中用典，此时得工作便利，他的视野得以进一步扩大，知识储备也得以丰富、自然，用典就更多了。

据说李商隐每每作诗，一定要查阅很多书籍来取典，屋子里到处摊满了书，"多简约书册，左右鳞次，号獭祭鱼"，他也因此被人开玩笑地比作"獭祭鱼"。"獭祭鱼"指的是水獭经常捕鱼陈列水边，如陈列供品祭祀一般。明人王士桢戏评他的诗说："獭祭曾惊博奥殚，一篇锦瑟解人难。"（《戏仿元遗山论诗绝句》）学者叶嘉莹也感叹："千年沧海遗珠泪，未许人笺锦瑟诗。"但是他用词极瑰艳华丽，声调也和婉优美，典故化用得十分自然，营造出朦胧感伤的深远意境，如同水中之月，镜中之花，缠绵悱恻，又无迹可寻，使得他的诗呈现出一种特别的美感。

又因为李商隐诗中典故所包含的意蕴晦涩不明，诗中之意难以索解，成了一个又一个诗谜。元好问《论诗绝句》曾叹道说:"诗家总爱西昆好,只恨无人作郑笺。"惋惜没有人给他的诗作注解,让他委婉曲折的心事得以昭然。当然,这些都是后话了。

李商隐也在此时,终于放松下来,享受了一下难得的清闲生活。这时,他所作下的《曲池》,和他之前的作品大异其趣,"繁香""流艳""江滟滟""柳丝丝"都有了某种轻松和惬意的意味:

> 日下繁香不自持,月中流艳与谁期。
>
> 迎忧急鼓疏钟断,分隔休灯灭烛时。
>
> 张盖欲判江滟滟,回头更望柳丝丝。
>
> 从来此地黄昏散,未信河梁是别离。

他又曾作一首《春游》,风格轻快,颇有春风得意之感:

> 桥峻斑骓疾,川长白鸟高。
>
> 烟轻惟润柳,风滥欲吹桃。
>
> 徙倚三层阁,摩挲七宝刀。
>
> 庾郎年最少,青草妒春袍。

他和当时的同事一起出入于休闲场所,也有了士大夫惯有的赠妓之作,如《赠歌妓二首》:

水精如意玉连环，下蔡城危莫破颜。

红绽樱桃含白雪，断肠声里唱阳关。

白日相思可奈何，严城清夜断经过。

只知解道春来瘦，不道春来独自多。

但是好时光不过只持续了一个多月，新的打击很快又来了。不久，李商隐接到一纸调令，他被调任弘农（今河南灵宝）县尉。县尉是从九品上阶，李商隐无缘无故一下子被降了两级，他也莫名其妙，不知道是谁在背后陷害他，但是调令如山，尽管心里一百个不愿意，也只能打点行礼奔赴弘农。

临走之前，他写了《蝶三首》，以蝶自喻。他仿佛一只瘦弱轻盈的蝴蝶，刚刚才来到百花齐放的小苑，却被逆风吹拂，摇摆不定，很快又要被吹离这个他留恋的地方：

初来小苑中，稍与琐闱通。远恐芳尘断，轻忧艳雪融。

只知防皓露，不觉逆尖风。回首双飞燕，乘时入绮栊。

长眉画了绣帘开，碧玉行收白玉台。

为问翠钗钗上凤，不知香颈为谁回。

寿阳公主嫁时妆，八字宫眉捧额黄。

见我伴羞频照影，不知身属冶游郎。

清人朱彝尊评价此三首诗："无一句咏蝶，却无一句不是蝶，可以意会，不可以言传，此真奇作。"

县尉相当于现在的县公安局局长，与县丞同为县令佐官，掌治安捕盗之事。对于其职掌，《唐六典·三府都护州县官吏》记载："亲理庶务，分判众曹，割断追催，收率课调。"也就是说，李商隐接手了一个完全没有经验，完全不对口的工作，负责一个县的治安工作，以及刑徒的在押工作。

李商隐并没有小瞧这份工作，虽然心有不满，但是他还是用写诗的热情来认真对待他的工作。此时他忽然想到，和令狐绹已经好久没有联系了。自从恩师令狐楚死后，令狐绹对自己的态度也冷淡了很多，他不知道为何朋友疏远了自己，而且他现在如此郁郁不得志，也很需要令狐绹的帮助，于是他便写了一首诗寄给令狐绹，为《酬别令狐补阙》：

惜别夏仍半，回途秋已期。

那修直谏草，更赋赠行诗。

锦段知无报，青萍肯见疑。

人生有通塞，公等系安危。

警露鹤辞侣，吸风蝉抱枝。

弹冠如不问，又到扫门时。

这首诗最微妙处在于尾联，"弹冠""扫门"都是各有典故。"弹冠"

典出《汉书》："吉与贡禹为友，世称'王阳在位，贡公弹冠'，言取舍同也。""扫门"典出《史记》，西汉魏勃少时，欲求见齐相曹参，而家贫无以自通，于是常在齐相舍人门外扫地，终于得舍人的通报。李商隐这里的意思是说，如果你在仕途上不引荐我的话，那我只好为你扫门以待了。

此时李商隐的傲气已经折损大半，他不得不屈服于现实，小心翼翼地询问令狐绹是否能为他的现状施以援手，语气卑微到了极点。曾经骄傲且自负的诗人已经明白原来才华不能换取前程，那么，他最宝贵的尊严呢，是否能够换取？

但是这首诗并没有换来令狐绹的帮助，他只是冷眼旁观，或者，幸灾乐祸。他耳边还回荡着父亲令狐楚对李商隐的各种夸赞之词，天才，天才又怎么样，不照样要向我卑躬屈膝吗，而且还是毫无作用的卑躬屈膝。此时，他仿佛才出了一口恶气，阴狠地盯着他案上李商隐写的这首诗。

没有得到令狐绹回应的李商隐只能继续进行他的县尉工作。在工作中，他了解到那些在押的囚犯，很多都是贫苦百姓，不少人入狱只是因为交不出赋税或者拖欠地主钱粮，并没有做穷凶极恶之事，但政府刑罚就定得很重，有的甚至判处死刑。李商隐生性温厚，心生悲悯，于是，便出言替死囚减刑（"活狱"）。没想到，这一举动竟然触怒了上司陕虢观察使孙简。孙简将李商隐召到驻节地陕州（今河南三门峡），当众狠狠训斥了一顿李商隐，让清高骄傲的诗人感到非常难堪，也非常屈辱。

回到弘农之后，李商隐立即向州刺史递送辞职书，打算不干了，但他的辞职州刺史没有批准。李商隐再也不肯等下去了，他一定要离开。不让辞职，请假总可以吧。于是，李商隐便请了长假，并写了一封《任弘农尉献州刺史乞假还京》：

黄昏封印点刑徒，愧负荆山入座隅。

却羡卞和双刖足，一生无复没阶趋。

在黄昏的时候，他最后一次散衙封印，清点囚徒，惭愧啊，又辜负面前的荆山了。这时却忍不住羡慕起战国时的卞和，他虽然被施膑刑砍掉了双足，却省得一生在阶前屈辱奔趋。对于诗人来说，没有什么比尊严更珍贵的了，而这官场却践踏了他的尊严。

卞和的典故出自《韩非子·和氏》，和氏璧的名字也因为卞和而来，其中记载：楚人和氏得玉璞楚山中，奉而献之厉王，厉王使玉人相之，玉人曰："石也。"王以和为诳，而刖其左足。及厉王薨，武王即位，和又奉其璞而献之武王，武王使玉人相之，又曰："石也。"王又以和为诳，而刖其右足。武王薨，文王即位，和乃抱其璞而哭于楚山之下，三日三夜，泣尽而继之以血。王闻之，使人问其故，曰："天下之刖者多矣，子奚哭之悲也？"和曰："吾非悲刖也，悲乎宝玉而题之以石，贞士而名之以诳，此吾之所以悲也。"王乃使玉人理其璞而得宝焉，遂命曰："和氏之璧"。

挥笔写完这首诗之后,李商隐便掷笔而起,离开了县衙。这种方式让他心中陡然轻松起来,终于不用再看孙简的脸色低声下气了。他想起东晋大诗人陶渊明的《归去来兮辞》,细细咀嚼"既自以心为形役,奚惆怅而独悲?悟已往之不谏,知来者之可追。实迷途其未远,觉今是而昨非",不由得大有同感,为何要为五斗米折腰呢?于是,他写下了一首《自贶》:

陶令弃官后,仰眠书屋中。

谁将五斗米,拟换北窗风。

就在李商隐准备离开弘农之时,孙简恰巧在此时被调走,接任孙简的陕虢观察使是诗人姚合。姚合是开元名相姚崇的曾孙。同是诗人,惺惺相惜,他对李商隐非常欣赏,得知这个情况之后,就马上给他写了一封信,亲自挽留他。

李商隐见姚合态度真诚,不好拒绝他,因此又留下来干了一段日子,但还是干得不开心,最终在开成五年(840年)再次提出辞职。姚合没有再勉强他,便同意他回京听调去了。

这时,已经到了初冬,路旁的树枝大多光秃秃的,一派衰败凄婉之景,正如他的心境。夜晚之时,冷风呜呜,更觉寒凉。李商隐骑着马慢慢行在回京的路上。他无意识地一转头,忽然间,眼前一亮——路边有几株清瘦的早梅，正在冷风中绽放。

这月光下鲜妍的梅花，让他的心头忽然感到了春天般的温暖。同时他又忍不住怜惜起这梅花来。现在才十一月，梅花早早开放，是什么原因呢？李商隐勒马在梅花前细细欣赏，见梅花花瓣五出，皎洁如玉，在月下仿佛散发着淡淡光芒。此刻，这梅花给了他难得的慰藉，它仿佛就是李商隐自己的化身。

于是，"情以物迁，辞以情发"，他心中已经默默吟成一首《十一月中旬至扶风界见梅花》：

匝路亭亭艳，非时裛裛香。

素娥惟与月，青女不饶霜。

赠远虚盈手，伤离适断肠。

为谁成早秀，不待作年芳。

路边梅花亭亭而立，鲜艳清丽，然而它开得太早了，此刻并非它绽放的时节，但它依然芳香袭人。嫦娥只让月亮发出皎洁的光芒，却并不会把这光芒赋予梅花，青女也并不是为了磨炼梅花才下霜，而是本身就想摧残梅花。这句话意味深长，似乎含有某种抱怨。想折一枝梅花来赠给远方的友人，可是手中空握满把的梅花，却不知道寄给谁。与梅花道别，心中不免惆怅哀怨。梅花为了早早开花，而不是等到早春才开花呢，也许那时，才是它尽情绽放的好时节呢。

就在这一年，唐文宗病重去世，文宗弟弟武宗即位。也是在这一年，李商隐得到了乐府王茂元的妻弟、时任河阳三城、怀舟节度使李执方的资助，终于举家从济源搬往长安。在长安，李商隐把家安在郊外的樊川之南，也是因为这个原因，李商隐后来又号"樊南生"。

李商隐·《岳阳楼》（二首）

欲为平生一散愁，洞庭湖上岳阳楼。

可怜万里堪乘兴，枉是蛟龙解覆舟。

汉水方城带百蛮，四邻谁道乱周班。

如何一梦高唐雨，自此无心入武关。

江湘之游｜欲为平生一散愁

　　把家安定之后，在这一年秋冬之际，李商隐离开长安，取路蓝田，行了数千里路程，到达江湘（今湖南北部洞庭湖、湘江流域一带），开始了他的江湘之游。《玉溪生年谱会笺》记载道："商隐辞尉任，南游江湘。"

　　至于李商隐为何要进行这样一次短期的漫游，史料上并没有确切地说明。也许是为了寻找仕途的另一种可能性，也许是为了单纯的散心，但是这一路行来，他的笔下又绽放了一首又一首绝妙的诗。

　　李商隐到了湖南境内，所去的第一个地方，就是岳阳楼。岳阳楼下瞰洞庭，前望君山，素有"水天一色、风月无边"之称。李白、杜甫都曾登临岳阳楼留下诗篇。李白有诗《与夏十二登岳阳楼》：

　　　　楼观岳阳尽，川迥洞庭开。雁引愁心去，山衔好月来。

　　　　云间连下榻，天上接行杯。醉后凉风起，吹人舞袖回。

杜甫也有《登岳阳楼》：

昔闻洞庭水，今上岳阳楼。吴楚东南坼，乾坤日夜浮。

亲朋无一字，老病有孤舟。戎马关山北，凭轩涕泗流。

此刻，李商隐就站在岳阳楼上，李白诗中的雄奇景色，杜甫诗中的忧国忧民，都在他胸中激荡着，他当即挥笔畅写，笔走龙蛇，写下了两首《岳阳楼》：

欲为平生一散愁，洞庭湖上岳阳楼。

可怜万里堪乘兴，枉是蛟龙解覆舟。

汉水方城带百蛮，四邻谁道乱周班。

如何一梦高唐雨，自此无心入武关。

他意犹未尽，文不加点，又挥洒了一首诗篇《洞庭鱼》：

洞庭鱼可拾，不假更垂罾。

闹若雨前蚁，多于秋后蝇。

岂思鳞作簟，仍计腹为灯。

浩荡天池路，翱翔欲化鹏。

"巴陵无限酒，醉杀洞庭秋"，李商隐尽情饱览洞庭秋色之后，便出发南下潭州（湖南长沙）。在潭州，他见到了杨嗣复，并得到了他的热情招待，被安排在潭州官舍中住下。此时，他又作下一首《潭州》：

> 潭州官舍暮楼空，今古无端入望中。
>
> 湘泪浅深滋竹色，楚歌重叠怨兰丛。
>
> 陶公战舰空滩雨，贾傅承尘破庙风。
>
> 目断故园人不至，松醪一醉与谁同。

长沙城的暮色潮水般涌来，他信步登上官舍的空楼。他极目楚天舒，一瞬间，心中掠过了古今之事。斑竹上斑痕历历，那是湘妃泪水所化。屈原的楚歌至今萦绕耳边，他如同兰一般高洁，却因现实的遭遇而满怀幽愤。东晋名将陶侃的战舰已经摧枯拉朽，如今寂寥的沙滩只有滴滴雨声。汉初名家贾谊的祭庙也已经破败，只有风在自由来去。李商隐久久地凝望着，久久地等候，却看不见应约前来的朋友。他已经准备了松醪酒，谁能与他尽情一醉呢？

此时的李商隐是孤独的。他的思绪穿越古今，仿佛独自站在历史长河的面前，看古今兴亡，看名士风范。念天地之悠悠，独怆然而涕下！

江湘一带在战国时期是楚国所在地，李商隐游历多日，追念屈子之魂，又写了一首《楚宫》：

湘波如泪色潆潆，楚厉迷魂逐恨遥。

枫树夜猿愁自断，女萝山鬼语相邀。

空归腐败犹难复，更困腥臊岂易招？

但使故乡三户在，彩丝谁惜惧长蛟。

　　眼前的湘江水波如同泪水一般清澈深邃，想当年屈原在此投江，他的魂魄逐浪而去，他的幽愤绵绵不绝。夜晚枫林中的猿啼使无所依托的魂魄愁肠寸断，只有"被薜荔兮带女萝"中的"女萝"山鬼相语相伴。即使是他的躯体埋入黄土，也会腐败，更何况葬身鱼腹呢？魂魄岂能轻易招回？只要敬佩屈原精神的后人还在，就会一直坚持用那彩丝包着的粽子来投入水中，祭祀那一缕坚贞的英魂。

　　此篇将《楚辞》中的意境、意象不着痕迹地融入诗句之中，情景交融，令人不自禁地受到感染。清人翁方纲在《石洲诗话》中评论"微婉顿挫，使人荡气回肠"。

　　李商隐又写了一首《楚宫》，则是感慨楚王昏庸、荒淫误国导致楚国灭亡：

复壁交青琐，重帘挂紫绳。如何一柱观，不碍九枝灯。

扇薄常规月，钗斜只镂冰。歌成犹未唱，秦火入夷陵。

　　此时李商隐还作有一首《宋玉》，与在《楚宫》之中追念屈原不同，这篇《宋玉》更多的又是融入了诗人自己的身世之叹：

何事荆台百万家，惟教宋玉擅才华。

楚辞已不饶唐勒，风赋何曾让景差。

落日渚宫供观阁，开年云梦送烟花。

可怜庾信寻荒径，犹得三朝托后车。

宋玉是战国时期宋国公子，因父子矛盾而出走楚国，事楚顷襄王。他是古代著名的美男子，也是继屈原之后最有名的辞赋家，所作辞赋甚多。后人多以屈宋并称，李白曾说"屈宋长逝，无堪与言"。他虽然才华出众，但也并没有成为能施展治国才华的肱股之臣，却只是文字宠臣而已。李商隐感触之余，又作下了一首《席上作》：

淡云轻雨拂高唐，玉殿秋来夜正长。

料得也应怜宋玉，一生惟事楚襄王。

在另一首《有感》诗中，李商隐又以宋玉自比，阐释自己的诗中确有像宋玉式的微辞，即对政治的讽喻与批评，"为芳草以怨王孙，借美人以喻君子"，但这是因为当权者昏庸沉迷、醉生梦死的缘故。如果把他所有的诗都当作政治讽喻之作，也是不恰当的，就像看了宋玉的《高唐赋》而把所有楚天云雨都疑心是神女情影一般：

非关宋玉有微辞，却是襄王梦觉迟。

一自高唐赋成后，楚天云雨尽堪疑。

会昌元年（841年）春，李商隐打算离开湖南回去长安，却不巧遇到了好友刘蕡。彼时刘蕡被宦官陷害，被贬为柳州司户，经过黄陵（今湖南湘阴），恰与李商隐相见。

当日在兴元相识，两人一别之后，就再也没有见过面，如今老友相见，分外欢喜，但是谈及彼此的处境，又都是黯然。尤其是刘蕡，他这次遭贬，心知凶多吉少，此行去柳州，山高路远，也许就是永别了。李商隐对此也心知肚明，不由得为朋友感到忧虑。

他们匆匆相聚，很快又要别离了。他们分别的所在地，也颇有浪漫色彩，是在湘阴县西北、湘江流入洞庭湖的河口处的黄陵庙。《史记》载："帝舜三十九年，南巡狩，崩于苍梧之野。""苍梧"指洞庭湖之四野，湘阴"在上世为三苗地"，即"苍梧之野"的一部分。娥皇、女英二妃闻帝崩，哭于湘山，溺于湘水，后人在黄陵山建庙以供祭祀。黄陵离别之际，李商隐写下《赠刘司户蕡》相赠：

江风扬浪动云根，重碇危樯白日昏。

已断燕鸿初起势，更惊骚客后归魂。

汉廷急诏谁先入，楚路高歌自欲翻。

万里相逢欢复泣，凤巢西隔九重门。

江风浪起，乌云密布，小舟飘摇，桅杆摇晃，就在这里，李商隐与朋友刘蕡重逢了。刘蕡有经世致用之才，却像北国鸿雁，刚要起飞却被摧残，又像楚地骚人，无辜远贬难归惊魂。如今已经不会再有朝廷的急诏将他召回，而他也只能像楚国隐士接舆那样，一路佯狂高歌，以抒情怀。在这万里他乡，与好友久别重逢，先是喜悦，却又忍不住悲伤，只叹那凤巢偏僻，远远隔着九重门。

这首诗情景交融，颇有杜甫诗沉郁顿挫之风。诗一开篇就定下了一个苍凉慷慨的基调，颇有风萧萧兮易水寒之感，而后更是对朋友的才华加以充分肯定，对他的命运则报以深切同情，感情极其真挚。其实，这时，李商隐心里充满着不祥的预感与难言的悲哀。他感到这也许就是他们最后一次会面，但他又不愿意多想。

果然一年后，刘蕡在柳州去世了。消息传来，李商隐悲痛不已，连写了四首哭吊诗，其中最有名的一首为《哭刘司户蕡》：

> 路有论冤谪，言皆在中兴。空闻迁贾谊，不待相孙弘。
>
> 江阔惟回首，天高但抚膺。去年相送地，春雪满黄陵。

李商隐为朋友的逝去而哭泣，他泪眼望去，仿佛路上的行人们都在议论刘蕡的冤情。他仗义执言，都是一心为了国家的中兴，却遭到如此不公的对待。听说昔年西汉名士贾谊曾被汉文帝召回任用，但他已等不到像西汉名臣公孙弘那样拜相高升。江水辽阔，只有频频回首，天空高远，只能痛苦抚膺。想起去年，自己和刘蕡还在依依惜别，而如今，春雪飘飞，也许已经洒满黄陵。

清人姚鼐《五七言今体诗钞》评道："义山此等诗殆得少陵之神，不仅形貌。"说李商隐这首诗已经得到了杜甫的神韵，不仅仅是得其形式。他叹息时运不济，命运不公，希望忠肝义胆的朋友能得到正确对待，因此为朋友大声喊冤，发出了激愤不平之音。当时政坛之上，也只有李商隐为刘蕡仗义发声，其余人全是默默无声。

五十年后，唐昭宗李晔登基。他清除宦官，并追封刘蕡为右谏议大夫，谥文节，封昌平侯，寻访其子孙授以官职。李商隐的心愿终于实现了，尽管这公正未免来得实在太晚了些。

李商隐·《自喜》

自喜蜗牛舍，兼容燕子巢。绿筠遗粉箨，红药绽香苞。

虎过遥知阱，鱼来且佐庖。慢行成酪酊，邻壁有松醪。

闲居在家 | 寻芳不觉醉流霞

会昌元年（841年）正月，李商隐回到长安。此时，他的岳父王茂元由泾原节度使调到朝廷任职，后来又再次担任忠武军节度使兼陈、许观察使。李商隐先被派到华州（今陕西华县）任职了大半年之后，又转赴许州（今河南许昌），在岳父王茂元府上当掌书记。

会昌二年（842年）春，李商隐又回到长安，参加吏部考试。在唐代，进士及第之后，参加吏部考试成绩出色便可以重新分配调职。这次，他又顺利通过了考试，回到秘书省任职，被授秘书省正字。

这个职位品阶比之前的秘书省校书郎还低，为正九品下阶。兜兜转转几年过去，他又回到了一个比起点还低的位置。即便如此，李商隐毕竟还是回到了朝廷，做回了朝官，又有了一个新的发展起点，他也暂时从漂泊中安定下来，终于可以和妻子在一起过一些温柔安定的日子。

此时，李党首领、宰相李德裕获得了唐武宗的绝对信任。李德裕被认为是唐朝最后一位贤相，晚唐最杰出的政治家。他是宪宗时期的宰相李吉甫之子，是个精明强干的官二代，几乎被武宗授予全权处理朝政。

他执政五年间，重视边防，平定北方回鹘的边患、力主削弱藩镇，讨伐擅袭泽潞节度使位的刘稹，平定泽、涟等五州。他力推科举改革；禁止宰相提前探看榜文；限制座主与门生之间、同年与同年之间的私人交往，并积极裁汰冗官、精简机构，制驭宦官等等。他的一系列举措，使得晚唐内忧外患的局面得到暂时的安定。因功绩显赫，李德裕被拜为太尉，封卫国公。清人毛凤枝说他"料事明决，号令整齐，其才不在诸葛下"，因而认为唐朝中期"中兴之功当以武宗为最"。

李德裕还是一位文学家，作有不少出色的诗文。他曾作有一首《长安秋夜》，旧时写他的从政生涯：

内宫传诏问戎机，载笔金銮夜始归。
万户千门皆寂寂，月中清露点朝衣。

皇宫传诏问前方战机，因此自己赶赴金銮殿处理政事，直到深夜才回来。这时万户千门都寂然无声，月光下点点清澈的露水浸湿了朝衣。

李商隐积极支持李德裕的政治主张，认为他是难得的贤相大臣，他踌躇满志，摩拳擦掌，期待受到重用的机会，他相信唯才是举的李德裕一定会注意到他的存在。他依然希望自己能在政治上有所作为。这一年秋天，他作下了一首《代秘书赠弘文馆诸校书》：

清切曹司近玉除，比来秋兴复何如。

崇文馆里丹霜后，无限红梨忆校书。

　　每次李商隐刚刚看到人生的转机之时，总是又遇到意想不到的挫折与阻拦。重入秘书省不到一年，即会昌二年（842年）末，李商隐的母亲去世了。遵循惯例，他必须离职回家守孝三年。工作刚刚步入正轨，又被无奈地打断。他不得不带着一家老小，扶了母亲灵柩回家。他闲居在家整整三年（会昌二年末至会昌四年末）。

　　原本这期间是李德裕执政，可以说是晚唐较为平顺辉煌的时期，也是李商隐可以真正得以施展政治理想的好时机，却因为为母亲守孝而错过了。后来武宗去世，李德裕失势，李商隐的政治生涯其实就基本宣告结束了。

　　很快，又有一个噩耗传来。会昌三年（843年），李商隐的岳父王茂元在讨伐藩镇叛乱时不幸染病。之前，李商隐还特别为岳父代笔，写了一篇《为濮阳公与刘稹书》，对叛乱者刘稹晓以利害，劝他及早归降。这篇骈文写得铿锵有力，文采飞扬，实为难得的佳作。学者范文澜曾在《中国通史简编》中感叹道，唐代骈文尽毁也不可惜，只要留下李商隐的《樊南川集》就可以了。

　　李商隐接到岳父病重的消息之后，立刻赶往怀州。他虽然披星戴月，目不交睫，但是感到怀州之时，仍然晚了一步，王茂元已经逝世了，终年六十九岁。他并没有来得及见岳父最后一面。

内兄告诉他，岳父在临终前，希望由李商隐执笔来写《遗表》，李商隐义不容辞，立刻坐下来挥洒文字。写完《遗表》之后，他和内兄妻弟一起护丧返回洛阳。这时，他为内兄代写了《为王侍御瓘谢宣吊并赙赠表》，又作了一篇《祭文》。后来，他又作了一篇《重祭外舅司徒公文》。王茂元如果在世，对于李商隐来说也是政治上的一个保障，如今他去世了，李商隐就没有任何倚仗了，处境更加艰难。

而此时的李商隐也顾不上悲哀，顾不上焦虑，更顾不上以后的仕途，他感到自己的责任更重大了，有太多事情要做。首先，他把母亲的灵柩送回故乡之后，与父亲李嗣合葬于坛山。然后，他要把所有亡故的亲人全部迁坟合葬，让他们的孤魂不至于漂泊无依。然后他为这些亲人几乎每人都写了一篇祭文。这些祭文都写得非常出色，《旧唐书》说他"博学强记，下笔不能自休，尤善为诔奠之辞。"

这时李商隐嫁给徐氏的姐姐，即徐氏姐，也已于太和元年（827年）去世。这位姐姐没有生育，却领养了两个侄子作为后嗣，她的丈夫在她死后另娶，又有了子女，于是，李商隐又得帮徐氏姐照顾她留下来的两个可怜的孩子。他把徐氏姐的棺木迁葬回荥阳坛山原祖坟，并写下《祭徐氏姐文》。还有在他还是幼童之时便以花信年华早逝的二姐为题，李商隐为她也写下了《祭裴氏姊文》。

弟弟羲叟多年科举均未考中，之前生了一个小女儿，取名寄寄。寄寄出生后不久，羲叟便将她寄养到别人家，四岁那年才接回家，但是不知道是因为水土不服还是什么原因，回来不久后就染病身亡，葬在了济源当地。

李商隐结婚多年还没有孩子，对这个小侄女非常疼爱，寄寄死后，他一直都极为悲伤。这次，他将寄寄的棺木迁葬回荥阳坛山原祖坟，并写了一篇感人至深的《祭小侄女寄寄文》：

正月二十五日，伯伯以果子、弄物，招送寄寄体魄，归大茔之旁。

哀哉！尔生四年，方复本族。既复数月，奄然归无。于鞠育而未深，结悲伤而何极！尔来也何故，去也何缘？念当稚戏之辰，孰测死生之位？时吾赴洞京下，移家关中，事故纷纭，光阴迁贸，寄瘗尔骨，五年于兹。白草枯荄，荒途古陌，朝饥谁饱？夜渴谁怜？尔之栖栖，吾有罪矣！今我仲姊，反葬有期。遂迁尔灵，来复先域。平原卜穴，刊石书铭。明知过礼之文，何忍深情所属！

自尔殁后，侄辈数人，竹马玉环，绣襜文袴。堂前阶下，日里风中，弄药争花，纷吾左右。独尔精诚，不知所之。况吾别娶已来，胤绪未立。犹子之义，倍切他人。念往抚存，五情空热。

呜呼！荥水之上，坛山之侧。汝乃曾乃祖，松槚森行；伯姑仲姑，冢坟相接。汝来往于此，勿怖勿惊。华彩衣裳，甘香饮食。汝来受此，无少无多。汝伯祭汝，汝父哭汝，哀哀寄寄，汝知之耶？

骈文的显著特点本是大量用典隶事，李商隐在用典上更是高手中的高手，但这篇文章虽用骈体，但通篇不用一个典故，只单用白描手法喃喃叙述小孩儿的琐事，却情真意切，凄婉动人，可见他对小侄女的疼惜。在祭文里他说："明知过礼之文，何忍深情所属。"儒家讲究人的感情应该受到礼的节制，但李商隐是个至情至性之人，他的悲恸之情却难以用理智来克制，因此索性让伤痛在祭文里汹涌如海。《四库全书简明目录》说李商隐"骈偶之文，婉约雅饬，于唐人为别格"，此文可为一例。

此时，老师李处士早已去世，留下的两个儿子也还年幼，也需要照顾。李商隐感念师恩，担负起抚养他儿子的责任。他修整了李处士的坟冢，并且作了一篇《祭处士十二房叔父文》，这位才高八斗又不食人间烟火的隐士叔父，其文才其风骨都影响了李商隐整整一生：

　　某爰在童蒙，最承教诱。违诀虽久，音旨长存。近者以檀山旧茔，忽厪风水，寿堂圮坏，冢树凋倾。虽崩则不修，闻诸前哲；但坠而罔治，那侯他人。况隐德贻芳，鸿儒著美。岂可令赵岐之表，垫彼元扃；郭泰之碑，沦于夜壑？载惟珹琐，藐尔孤冲。诚叫号之不停，顾营办之元素。某等辄考诸著筮，别卜邱封，使羲叟以令日吉时，奉移神寝。奢无僭缛，俭免亏疏。是期永尊灵，长安幽岁。眠牛有庆，自及于诸孤；白马垂祥，岂均于犹子。追怀莫及，感切徒深。更思平昔之时，兼预生徒之列。陆公赐杖，念荣益以何成；殷氏著文，愧献酬而早屈。引进之恩方极，祸凶之感俄锺。谁言一纪之馀，又奉再迁之兆。哀深永往，情极初闻。矧宗绪衰微，簪缨殆歇。五服之内，一身有官。将使泽底名家，翻同单系。山东旧族，不及寒门。静思肯构之文，敢怠成书之托？珹等既幽明无累，年志渐成，则当授以《诗》《书》，谕其婚宦。使烝尝有奉，名教无亏。灵其鉴此微忱，助夫至愿。敢以求于必大，庶免叹于忽诸。迫以哀忧，兼之瘵恙。曾非遐远，不获躬亲。沥血裁词，叩心写恳。长风破浪，敢忘昔日之规；南巷齐名，永绝今生之望。冀因薄莫，少降明辉。延慕酸伤，不能堪处。苦痛至深，永痛至深。

做完这些事之后，李商隐总算心中大为轻松了。此时，朝廷还在讨伐藩镇叛乱。会昌四年（844年），李商隐因为有要事赶赴长安樊南，遇到了一位投笔从戎去昭义攻讨叛军赞助军务的李郎中。始终关注国家大事的李商隐对李郎中的这种行为非常赞赏，写下一首《行次昭应县道上送户部李郎中充昭义攻讨》，此诗气魄豪迈宏大，对仗工丽整洁：

　　　　将军大斾扫狂童，诏选名贤赞武功。

　　　　暂逐虎牙临故绛，远含鸡舌过新丰。

　　　　鱼游沸鼎知无日，鸟覆危巢岂待风。

　　　　早勒勋庸燕石上，伫光纶绋汉廷中。

李商隐处理完事情之后，又离开长安，出了潼关，路上曾住在一个叫作盘豆驿的地方。盘豆驿在河南灵宝县（市）境，距潼关四十里。隔河不远处就是他曾经担任过县尉的弘农了。

夜里，他想起往事，心潮起伏，怎么也睡不着，索性披衣而起，点燃灯盏，作下《出关宿盘豆馆对丛芦有感》：

芦叶梢梢夏景深，邮亭暂欲洒尘襟。

昔年曾是江南客，此日初为关外心。

思子台边风自急，玉娘湖上月应沉。

清声不远行人去，一世荒城伴夜砧。

芦叶瑟瑟，已是盛夏，暂且在驿馆里洒扫一身风尘。幼年之时，他曾住在江南，而今却是首次成为弘农县的关外之民。思子台边夜风急吹，玉娘湖上的皎皎明月已经西沉了吧。行人都已归去，只有芦叶的簌簌之声不绝，久久地在荒城中应和着那悠长的捣衣之声。

回到家乡之后，李商隐也多了很多时间跟家人相处，这时他的心也终于平和下来，又一次享受到了久违的宁静，感受到了真正的自己。他躬事农耕，自称"渴然有农夫望岁之志"。作为从小就吃惯了苦的李商隐而言，拿起锄头并不是什么难事。他挽起袖子，戴着草帽，光着脚下田，很快就成了一个不错的农夫。他还写了一些清新可喜的田园诗歌。

这时，夫人王氏应该是满足的吧。自从结婚之后，丈夫东奔西走，能静静陪着她的日子实在乏陈可善。她是贵家之女，什么富贵没有见过呢，但出于对丈夫的支持，她从不抱怨，只是默默地给予他关心与体贴。而此时，她终于可以"待浮花浪蕊都尽，伴君幽独"，如果日子就这么过下去，也未尝不可。她也别无所求，只希望他能够一切安好。

李商隐此时有了不少闲暇，于是便在房屋附近种了不少花卉。他毕竟是个诗人，诗人有一颗敏感的诗心，永远对美有着痴迷的向往。各种异香扑鼻的鲜花虽然不能当作主食食用，但是它们的美给了他无比的愉悦。这时他作有一首《自喜》：

> 自喜蜗牛舍，兼容燕子巢。绿筠遗粉箨，红药绽香苞。
>
> 虎过遥知阱，鱼来且佐庖。慢行成酩酊，邻壁有松醪。

李商隐自嘲，就是这么小小的一间屋舍，真是堪称"蜗牛舍"了，自己却一点都不嫌弃它，甚至看到它还有些小小的欢喜。这间小屋舍的梁上还有着燕子的巢穴，屋旁绿竹猗猗，芍药飘香。这里可以自己钓鱼捕猎，做成山野美食，可斟酒自饮，醺然若醉，自己家的酒喝完了，邻居家里还有更好的松花酒。

他所作的《春宵自遣》，也很有几分陶渊明田园诗中怡然自乐的意味：

> 地胜遗尘事，身闲念岁华。
>
> 晚晴风过竹，深夜月当花。

石乱知泉咽，苔荒任径斜。

陶然恃琴酒，忘却在山家。

身处美景之地，能让人忘却尘世烦恼，悠闲无事之时，便会更加懂得四季流转的微妙之美。夜晚清朗，有风轻轻吹过竹林，夜深之时，月光淡淡洒在花儿之上。山泉流过乱石，声音幽咽。山路斜斜，苔藓遍布。他弹琴喝酒，陶然而醉，忘记了自己居于深山之中。

这首诗里一派安宁恬然的田园风光，但李商隐并未像在乱世中看穿一切的陶渊明那样去沉浸到种地开荒中去，并因此而感到满足和享受。李商隐胸中仍然有无法熄灭的热情与始终天真的信念，他无法把自己定义为一个田园诗人，从此隐居不仕。因此，他遍种花草，并在花草之上寄予自己的诸多情感与思想。

这时，他还作有一首绮丽的《花下醉》：

寻芳不觉醉流霞，倚树沉眠日已斜。

客散酒醒深夜后，更持红烛赏残花。

李商隐在乡野之间寻找各种花儿欣赏，不知不觉被花儿的美所陶醉，仿佛是喝了流霞酒一般，于是倚着花树酣眠。一觉醒来，日已西斜。等到客散酒醒深夜后，又举着红烛继续欣赏这残花。

"客散酒醒深夜后，更持红烛赏残花"更表明了对花儿的眷恋不舍之心，对春光的珍惜爱重之感。后来苏轼《海棠》中的"只恐夜深花睡去，故烧高烛照红妆"即从此句化出。诗中提到的流霞，是神话中的一种仙酒。《论衡·道虚》上说，项曼卿好道学仙，离家三年而返，自言："欲饮食，仙人辄饮我以流霞。每饮一杯，数日不饥。"

这时李商隐的笔下，都是风花雪月。风有《春风》之诗：

> 春风虽自好，春物太昌昌。
>
> 若教春有意，惟遣一枝芳。
>
> 我意殊春意，先春已断肠。

雪有《喜雪》之诗：

> 朔雪自龙沙，呈祥势可嘉。有田皆种玉，无树不开花。
>
> 班扇慵裁素，曹衣讵比麻。鹅归逸少宅，鹤满令威家。
>
> 寂寞门扉掩，依稀履迹斜。人疑游面市，马似困盐车。
>
> 洛水妃虚妒，姑山客漫夸。联辞虽许谢，和曲本惭巴。
>
> 粉署闱全隔，霜台路正赊。此时倾贺酒，相望在京华。

月有《月》之诗:

> 池上与桥边，难忘复可怜。帘开最明夜，簟卷已凉天。
> 流处水花急，吐时云叶鲜。姮娥无粉黛，只是逞婵娟。

雨有《雨》之诗:

> 摵摵度瓜园，依依傍竹轩。秋池不自冷，风叶共成喧。
> 窗迥有时见，檐高相续翻。侵宵送书雁，应为稻粱恩。

关于花儿的诗就更多了，花开四季，各有其美。李商隐则是寄情深婉，在咏花的同时依然融入了自己的身世之叹。如《李花》:

> 李径独来数，愁情相与悬。自明无月夜，强笑欲风天。
> 减粉与园箨，分香沾渚莲。徐妃久已嫁，犹自玉为钿。

又如《槿花》二首:

> 燕体伤风力，鸡香积露文。殷鲜一相杂，啼笑两难分。
> 月里宁无姊，云中亦有君。三清与仙岛，何事亦离群。

珠馆薰燃久，玉房梳扫馀。烧兰才作烛，襞锦不成书。

本以亭亭远，翻嫌眽眽疏。回头问残照，残照更空虚。

又如《石榴》：

榴枝婀娜榴实繁，榴膜轻明榴子鲜。

可羡瑶池碧桃树，碧桃红颊一千年。

又如《菊花》：

暗暗淡淡紫，融融冶冶黄。陶令篱边色，罗含宅里香。

几时禁重露，实是怯残阳。愿泛金鹦鹉，升君白玉堂。

看上去，他似乎陶陶然于这种隐居生活了，但他始终抱着一颗入世的心，渴望施展自己的政治才干。他留恋于这种远离喧嚣纷扰的隐居生活，但也明白自己不会真的安于这种生活，对于一个苦读多年，有才华、有抱负的人来说，这是一种蹉跎和浪费，而且长期隐居在家，积蓄渐渐耗尽，他也需要赚取生活物资来养活妻儿与自己。

他还曾作下一首《春日寄怀》，抒发自己闲居之时的苦闷与忧愁：

世间荣落重逡巡，我独丘园坐四春。

纵使有花兼有月，可堪无酒又无人。

青袍似草年年定，白发如丝日日新。

欲逐风波千万里，未知何路到龙津。

世间荣辱沉浮瞬息万变，而他却在乡野之间隐居四年。虽然有花月相伴，但是没有酒也没有人。官级从未进阶，青袍年年一样，鬓旁白发却越来越多。一心想要追逐理想，搏击长空，但不知道哪条路才能得见龙颜。

在李商隐闲居的这段时间，有一位曾经与他一起在令狐楚幕僚中共事的姓崔的朋友被任命为侍御史。侍御史亦简称"侍御"，由御史统领，入侍禁中兰台，给事殿中。御史台分台、殿、察三院，侍御史所居称台院，居三院之首，掌纠弹百官、入阁承诏、受制出使、分判台事，又轮直朝堂，与给事中、中书舍人共同受理词讼，遇重大案件，则与刑部、大理寺会审，时号"台端"，尊称"端公"，权位重于殿中侍御史、监察御史。

李商隐既为朋友的晋升而感到高兴，也为自己闲居乡间蹉跎年华而感到悲伤。他写下《喜闻太原同院崔侍御台拜兼寄在台三二同年之什》：

鹏鱼何事遇屯同，云水升沉一会中。

刘放未归鸡树老，邹阳新去兔园空。

寂寥我对先生柳，赫奕君乘御史骢。

若向南台见莺友，为传垂翅度春风。

他不愿真的隐居，从此不理世事，他还是热切地希望入世，他还关注着那个风雨飘摇的大唐。会昌五年（845年）春，郑州刺史李褒召他前去，李商隐便欣然前往。

到了郑州不久，李褒便卸任了郑州刺史一职，来到洛阳等待调令。李商隐也跟着到了洛阳，回到了岳父之前的府邸，也就是崇让宅的王家庭院里。这里李商隐并不陌生，他和妻子曾经多次出入这里，得到岳父的款待。妻子是最小的女儿，也最得父母的心，因此妻子和他跟岳父的感情都很深。然而此时岳父已经去世，虽然有内兄妻弟这些亲戚在，却已经不是旧时的感觉了。他心中不禁涌起物是人非之感。

这天晚上，他和两位秀才一起喝酒聊天。这时，窗外忽然淅淅沥沥下起雨来。于是三人肃坐听雨。回来之后，李商隐便做了一个无比瑰丽的梦。

梦中，他来到了龙宫之中，那里光彩耀眼，如同焰火闪烁。海底也有彩霞明丽，宛若晴光满天。他不由得醉了，倚靠在蓬莱树上，忽然有个仙人在背后轻轻拍了下他的肩膀。他一转身，倏忽之间却见不到人了。不久之后，他又遥遥听到有人在吹着乐器，悦耳动听，但是隔着袅袅飞烟却见不到人。琴瑟的声音仿佛是在潇湘云水处飘来，似有似无。忽然间又飒飒下了一阵细雨，一切只觉轻盈，迷蒙而又清凉。

在龙宫之中，他见到很多道教神话中的仙人，正目眩神驰、心旌摇曳之际，忽然眼前的一切都恍恍惚惚，明明暗暗起来。他伸出手来，徒然地想要抓住什么，却发现什么也抓不住……

他迷蒙地睁开眼睛，只听到窗外仍然淅淅沥沥地下着雨，原来刚才竟是一个飘忽瑰艳的美梦。如今眼前只有一盏清寒的灯，在忽明忽暗地摇曳着。

李商隐醒来之后，便再也无法入睡。他索性爬了起来，把刚刚梦中的一切都写入了《七月二十八日夜与王郑二秀才听雨后梦作》：

初梦龙宫宝焰然，瑞霞明丽满晴天。旋成醉倚蓬莱树，有个仙人拍我肩。

少顷远闻吹细管，闻声不见隔飞烟。逡巡又过潇湘雨，雨打湘灵五十弦。

瞥见冯夷殊怅望，鲛绡休卖海为田。亦逢毛女无怊极，龙伯擎将华岳莲。

恍惚无倪明又暗，低迷不已断还连。觉来正是平阶雨，独背寒灯枕手眠。

第二天，王家举行了一场家宴。家宴热闹之极，李商隐却满怀心事。等到服丧期满，他就要赶回长安，不得不再与妻子分离。为了安慰妻子，李商隐作下一首《七月二十九日崇让宅宴作》：

露如微霰下前池，月过回塘万竹悲。

浮世本来多聚散，红蕖何事亦离披？

悠扬归梦惟灯见，漠落生涯独酒知。

岂到白头长只尔，嵩阳松雪有心期。

　　露水像微细冰粒纷纷洒下池水，皎洁月光淡淡照射在回塘之上，竹林
瑟瑟，仿佛生出凄凉与悲戚之意。人生沉浮不定，本来就多有聚散；但
那池上红荷，为什么也瓣瓣飘零？难道它们也懂得人的心事吗？遥远的归
梦，只有窗边孤灯才能见证；空寞的生涯，只有美酒方可得知。难道白头
之时还是如此漂泊分离吗？不会的。李商隐向妻子许诺，到时候他们再一
起携手终老于嵩山南边的松雪之中。

　　《玉溪生诗意》评此诗："一二是日之景。三四睹红蕖之离披，感人生
之聚散。五六宴时之情。结欲归隐也。"

李商隐·《有感》

中路因循我所长，古来才命两相妨。

劝君莫强安蛇足，一盏芳醪不得尝。

再入仕途｜皇天有运我无时

会昌五年（845年）十月，李商隐正式结束了守孝，他独自离开洛阳，回到长安，重新回到秘书省。

之前，他和令狐绹的关系已经有所缓和，他还曾收到令狐绹寄过来的一封问候书信。喜出望外之余，他便写了一首《寄令狐郎中》：

嵩云秦树久离居，双鲤迢迢一纸书。

休问梁园旧宾客，茂陵秋雨病相如。

"嵩云秦树久离居"嵩、秦指自己所在的洛阳和令狐所在的长安。这句把自己比作嵩山之云，把令狐绹比作秦川之树，两人长久别离。"双鲤迢迢一纸书"，千里迢迢，忽然收到一封他寄来的书信。"休问梁园旧宾客，茂陵秋雨病相加。"则是用司马相如典。《史记》记载，司马相如曾为梁孝王宾客，梁园则是梁孝王的宫苑，而李商隐曾为令狐家幕僚，因此便以"梁园旧宾客"自比。司马相如晚年"尝称病闲居……既病免，家居茂陵"，而李商隐之前闲居，因心情抑郁也体弱多病，因此又以"茂陵病相如"自比。

李商隐意犹未尽，紧接着又寄了一首诗给令狐绚，即《独居有怀》：

> 麝重愁风逼，罗疏畏月侵。怨魂迷恐断，娇喘细疑沈。
>
> 数急芙蓉带，频抽翡翠簪。柔情终不远，遥妒已先深。
>
> 浦冷鸳鸯去，园空蛱蝶寻。蜡花长递泪，筝柱镇移心。
>
> 觅使嵩云暮，回头灞岸阴。只闻凉叶院，露井近寒砧。

他希望令狐绚能够顾念旧情，在朝廷里推荐一下他，但是这个希望又落空了。就在这年冬天，令狐绚被调任湖州刺史，离开朝廷。

不久以后，李商隐起复原职，仍为秘书省正字。进士及第九年之后，职位仿佛一直在原地踏步，而他却由意气风发的翩翩少年郎转变成了满怀惆怅、两鬓落霜的中年人。他在《有感》中感叹自己"因才妨命"：

> 中路因循我所长，古来才命两相妨。
>
> 劝君莫强安蛇足，一盏芳醪不得尝。

然而回来的这个时候，却又碰上了一个最坏的时期。这时唐武宗的身体已经每况愈下。唐武宗在位期间，对李德裕极其信任，只要是国家大事，他都听取李德裕的建议和安排，但是求仙问道、炼丹服药之事，李德裕的忠言就入不了他的耳了。

会昌五年（845年），唐武宗在禁宫南郊造望仙台，而此前他已经在禁中造了一座望仙台。李商隐返回长安之际，正遇上了望仙台的建造工程。李商隐也因此写下许多讽刺时弊的诗，如《瑶池》：

瑶池阿母绮窗开，黄竹歌声动地哀。
八骏日行三万里，穆王何事不重来。

《汉宫词》：

青雀西飞竟未回，君王长在集灵台。
侍臣最有相如渴，不赐金茎露一杯。

《贾生》：

宣室求贤访逐臣，贾生才调更无伦。
可怜夜半虚前席，不问苍生问鬼神。

会昌六年（846年）三月，唐武宗去世，传言他是因为长期服用道士进献的长生药而毒火攻心、中毒身亡。他在位时间只有短短六年，去世时只有三十三岁。会昌六年（846年）八月，唐武宗葬于端陵。李商隐作《昭肃皇帝挽歌辞三首》以评价和纪念这位年轻早逝的皇帝：

九县怀雄武，三灵仰睿文。周王传叔父，汉后重神君。
玉律朝惊露，金茎夜切云。笳箫凄欲断，无复咏横汾。

玉塞惊宵柝，金桥罢举烽。始巢阿阁凤，旋驾鼎湖龙。
门咽通神鼓，楼凝警夜钟。小臣观吉从，犹误欲东封。

莫验昭华琯，虚传甲帐神。海迷求药使，雪隔献桃人。
桂寝青云断，松扉白露新。万方同象鸟，举恸满秋尘。

李商隐认为，武宗在位期间，重用李德裕，果敢决断，稳固边防，平定叛乱，卓有政绩，但是如此年轻便去世了，作为一个有作为的皇帝，他又有太多抱负还没有实现。他崇佛媚道，一味服药求仙，如今那长生不老的梦想已经彻底破灭了，只有沉默的松柏白露以及扬起秋尘的送葬队伍相伴着他的魂魄了。

经过一系列的宫廷斗争，会昌六年（846年）三月，唐武宗的叔父，唐宣宗李忱即位。他即位后改年号为大中。大中朝"一反会昌之政"，即宣宗几乎反对武宗的全部政策，他尤其厌恶李德裕。《通鉴》载，"宣宗素恶李德裕之专，即位之日，德裕奉册。既罢，谓左右曰：'适近我者非太尉邪？每顾我，使我毛发洒淅。'"亲政的第二天，宣宗就罢了李德裕的宰相官位。即位不到一个月，宣宗便把李德裕赶出朝廷，让他到荆南去当了一名节度使。不久又调任他为东都留守，后来又改为太子少保、分司东都，夺取实权，将他闲置起来。两年后再把他贬到海南的崖州。

李德裕的追随者和支持者即李党成员也纷纷遭到清洗和排挤，以白居易的堂弟白敏中为首的牛党新势力逐渐占据了政府中的重要位置。作为牛党的令狐绹自然也就跟着春风得意起来。

就在这一年里，大诗人白居易在洛阳逝世，时年七十五岁。临终前，白居易指定白敏中邀请李商隐为自己撰写墓志铭。李商隐当然义不容辞地答应下来。当时写墓志铭的润笔费很高，何况给白居易这种大诗人写墓志铭，本身就是对自己才华的一种极高的肯定。李商隐知道这是白居易对自己的文才最后的肯定与鼓励，于是就认真写好了这篇墓志铭，文辞简洁，叙事详尽。

也就在这一年，三十五岁的李商隐终于有了后嗣。王氏在长安生下了一个儿子，取名李衮师。李商隐想起白居易说过的话，说下辈子要做他儿子，"我死后，得为尔儿足矣。"李商隐于是想着，难道这孩子真是白老诗人投胎的吗？他就真的给儿子取小名叫作"白老"，希望他长大之后能成为像白居易那样的大诗人。中年得子，李商隐对这个儿子疼爱不已。

北宋人蔡居厚在他的《蔡宽夫诗话》记载了这件事："白乐天晚极喜

李义山诗文，尝谓我死得为尔子足矣。义山生子，遂以'白老'字之，既长，略无文性。温庭筠尝戏之曰，'以尔为乐天后身，不亦忝乎？'"

后来王氏又生了一个女儿，李商隐终于儿女双全。他抱着两个幼小的孩子，望着憔悴的妻子，心里充满了怜悯之意与幸福之感。

李商隐·《青陵台》

青陵台畔日光斜，万古贞魂倚暮霞。

莫讶韩凭为蛱蝶，等闲飞上别枝花。

幕僚生涯 | 万里风波一叶舟

朝廷之中，斗争不休，乌烟瘴气，李商隐觉得喘不过气来。大中元年（847年），桂管观察使郑亚邀请他往赴桂林任职幕僚，李商隐立刻答应了。他不知道的是，接下来的十年，他将辗转各个幕府，在漂泊中继续蹉跎自己的生命。

郑亚是李德裕最重要的助手，在李德裕任浙西节度使的时候，郑亚就是他的幕僚，后来他一直追随着李德裕，从监察御史一直做到元帅判官、给事中等职位。李德裕遭贬，他也被连带远贬桂林。郑亚爱惜并欣赏李商隐的文才，因此聘请他前去桂林担任观察支使、掌书记。李商隐愿意主动跟从已经被贬官的郑亚，表明他在政治上同情李德裕一党。

这一年，李商隐已经三十五岁了。官场上的种种势利嘴脸与复杂局面，在消磨着一个平凡的底层官员的心志，也在损耗着一个不平凡的顶级诗人的灵性。作为天才诗人，李商隐并没有消沉和颓废，而是把种种郁结和不满，在笔下化作幽微瑰美的语言，扑朔迷离的意境，他用晦涩难懂的

典故，将那些无法言说的心事，隐秘地写入了无题诗之中。他这时作下了
《无题四首》：

> 来是空言去绝踪，月斜楼上五更钟。
>
> 梦为远别啼难唤，书被催成墨未浓。
>
> 蜡照半笼金翡翠，麝熏微度绣芙蓉。
>
> 刘郎已恨蓬山远，更隔蓬山一万重。

第一首诗，字面上纯然是幽怨的相思之语，仿佛是一个女子在喃喃抱
怨着情郎的无情。你说要来和我相会却杳无踪影，等到夜深之时，也只看
到明月西斜，更鼓响起。梦中也在和你别离，我从哭泣中醒来，一醒来就
要提笔写信给你，可是急切之中墨汁都还没有磨浓。烛光淡淡照着饰有金
翡翠的琉璃灯，兰麝的香气悄悄渗进了绣着芙蓉花的帷帐。当年的刘郎尚
且遥恨仙境之远，而你我之间的距离却比蓬山还要更远一万重。

> 飒飒东风细雨来，芙蓉塘外有轻雷。
>
> 金蟾啮锁烧香入，玉虎牵丝汲井回。
>
> 贾氏窥帘韩掾少，宓妃留枕魏王才。
>
> 春心莫共花争发，一寸相思一寸灰。

东风飒飒吹来，细雨淅淅沥沥，莲塘之外雷声隐隐。闺房之内，蟾状

的香炉升起袅袅香烟，闺房之外，则有玉石装饰的虎状辘轳。可是女子对爱情的向往怎么能抑制得住呢。就像昔日贾氏窥帘，是因为爱上韩寿之年少英俊，甄宓留下了玉带金缕枕送给曹植，是因为倾慕他的稀世才华。然而这爱情还是不要和春天的花儿一样萌发了吧，相思带来的总是苦楚，而且最后只会化作虚无。

这里用到了两个典故。贾氏窥帘说的是西晋韩寿的典故。韩寿担任侍中贾充的僚属时，年少英俊，有一天贾充的女儿在帘后窥见他，一见钟情。贾家女儿派侍女知会韩寿，两人偷偷约会。贾充得知之后，便将女儿嫁给了韩寿，成就了一段圆满姻缘。宓妃留枕是说的曹植和甄后之典。甄后是曹丕的夫人，具有倾国之姿，传说曹植一直暗恋甄后。甄后死后，曹丕将她的金缕玉带枕赠予曹植。曹植离京回封国途中，夜宿于洛水边。夜晚梦见甄后来相会，"仿佛兮若轻云之蔽月，飘摇兮若流风之回雪"。曹植醒后伤感，作下《感甄赋》，即满纸芬芳的《洛神赋》。对曹植来说，这是无法企及的爱情，但这爱情却又是这么美。

含情春晼晚，暂见夜阑干。

楼响将登怯，帘烘欲过难。

多羞钗上燕，真愧镜中鸾。

归去横塘晓，华星送宝鞍。

含情相望，不觉春阳已斜，见面何其匆匆，弹指间便已是夜深人静之时了。听到楼响，知道心上人在上面，想要登楼却又心生胆怯，看到窗帘中透出明亮灯光，想要去看她，却又感到为难。于是感叹，自己还不如钗上之燕，镜中之鸾，能日日与她亲密接触。惆怅归去，经过横塘堤之时，天已蒙蒙亮了，淡淡晨星宛如在护送着宝马金鞍。

何处哀筝随急管，樱花永巷垂杨岸。

东家老女嫁不售，白日当天三月半。

溧阳公主年十四，清明暖后同墙看。

归来展转到五更，梁间燕子闻长叹。

从哪儿传来悲哀的筝声与急骤的箫声？原来，是从樱花繁茂的深巷、垂杨轻拂的河岸传出来的。东邻有位老姑娘还嫁不出去，独自对着这暮春的丽日静静发愁。溧阳公主刚刚十四岁，于清明节后温暖的阳光中在园墙里游玩，而东邻姑娘回家之后辗转无眠直到五更天，只有梁间的燕子听到她的长叹之声。这"东家老女"自然是李商隐感叹自己年华老去依然怀才不遇，坐观垂钓者，徒有羡鱼情而已。

诗家自屈原以来，便有"香草美人"之传统，以美人难嫁，寓才士不遇，以美人备受冷落，寓才士不受重视，表"比兴寄托"之意。李商隐这四首诗，看似是单纯的爱情诗，但字面下却涌动着诗人在仕途上难言的惆怅之意和即将告别长安的不舍之情，可谓是继承了屈原香草美人的手法并发扬光大。清人田澄之曾道："李商隐好为艳体……只是情昵香奁，词取艳异，未尝有感人于微，风人言外者"。李商隐历经磨难，终于回了长安，回了秘书省，但是不过一年，又要去遥远的桂林。他与他所渴望的梦想，距离越来越遥远，所谓"更隔蓬山一万重"！

这一年二月，李商隐弟弟李羲叟也中了进士。李商隐也终于又松了一口气，他身上的担子，终于可以分给弟弟一些了。他一直一个人背负着太多，很辛苦也很无奈。李羲叟虽然只比哥哥小了一岁，但进士及第却整整晚了十年。他的聪明才智远不如哥哥，史书上记载他"善古文"，但是他也没有任何诗文传世。

李商隐为弟弟的及第感到十分欢喜，于是马上给当时的主考官礼部侍郎魏扶写了一封《献侍郎巨鹿公启》，替弟弟表示感谢：

某启：今月某日舍弟新及第进士羲叟处，伏见侍郎所制《春闱放榜后寄呈在朝同年兼简新及第诸先辈》五言四韵诗一首。夫元黄备采者绣之用，清越为乐者玉之奇。固以虑合元机，运清俗累，陟降于四始之际，优游于六义之中。窃计前时，承荣内署，柏台侍宴，熊馆从畋。式以《风》《骚》，仰陪天籁，动沛中之旧老，骇汾水之佳人。非首义于论思，实终篇于润色。光传乐录，道焕诗家。况属词之工，言志为最。自鲁毛兆轨，苏李扬声，代有遗音，时无绝响。虽古今异制，而律吕同归。我朝以来，此道尤盛。皆陷于偏巧，罕或兼材。枕石漱流，则尚于枯槁寂寥之句；攀鳞附翼，则先于骄奢艳佚之篇。推李、杜则怨刺居多，效沈、宋则绮靡为甚。至于秉无私之刀尺，立莫测之门墙，自非托于降神，安可定夫众制？伏惟阁下，比其馀力，廓此大中，足使同寮，尽怀博我。不知学者，谁可起予。某比兴非工，颛蒙有素。然早闻长者之论，夙托词人之末。淹翔下位，欣托知音，抃贺之诚，翰墨无寄。况乎仲氏，实预诸生，荣沾洙泗之风，高列倡商之位。仰惟厚德，愿沐馀辉。辄庆鄙词，上攀清唱。闻郢中之白雪，愧列千人；比齐日之黄门，惭非八米。干冒尊重，伏用兢惶。其诗五言二首，谨封如别。

在这封信里，除了应酬文字，李商隐还以精炼的文字阐述了他的文艺观。他主张"属词之工，言志为最"，提出"风骚比兴"不拘泥于"讽喻美刺"政教内容的观点，诗歌风格既不宜"枯槁寂寥"，也不宜"骄奢艳佚"。他一方面赞成向李杜学习，用诗歌来"怨刺"，一方面又反对过分"绮靡"，诗艺不宜"偏巧"，最好是"兼材"。李商隐还曾在《献相国京兆公启》中说："人禀五行之秀，备七情之动，必有咏叹，以通性灵，故阴惨阳舒，其涂不一，安乐哀思，阙源数千。"文学最重要的是真情实意和内心体验。

大中元年（847年）三月，李商隐告别家人，随郑亚出发。这次，他又要远离家人。李商隐自然是十分舍不得，抱着儿子衮师看了又看，舍不得放手。王氏也是依依不舍，但是她十分理解丈夫心中的苦闷，默默为他收拾好行李。弟弟羲叟送哥哥出行，送了一程又一程，送得很远很远还舍不得分离，最后恸哭而返。

李商隐心中的悲伤虽然不在妻子和弟弟之下，但是当他提起笔来，将离家之思落到纸上，却仍是满纸瑰光流动，便如这首《海客》：

> 海客乘槎上紫氛，星娥罢织一相闻。
> 只应不惮牵牛妒，聊用支机石赠君。

西晋张华《博物志》载："天河与海通，近世有人居海渚者，年年八月有浮槎，来去不失期。人有奇志，立飞阁于槎上，多赍粮，乘槎而去。至一处，有城郭状，屋舍甚严，遥望宫中多织妇，见一丈夫牵牛渚次饮之。"在传说之中，人类若乘木槎随波逐流，便可能从海天一色处穿越时空，直上九霄云汉遭遇牛郎织女。李商隐把郑亚比作海客，把自己比作星娥，星娥罢织为了追随海客，自己辞去秘书省之职也是为了感郑亚知遇之恩，不会畏惧牛郎的嫉恨，会把支机石赠予海客，这里的支机石自然是指李商隐自己的才华。

经过两个月左右的行程，李商隐随着郑亚来到桂林。途径荆州（今湖北江陵）之时，恰好遇到南风，湖波汹涌，舟行缓慢。李商隐望着风起云涌的天地，心中忽然起了无限感触。此时天地一孤舟，孤舟之上，还有一个孤独的他，在深深地思念着家人。如果风浪再大一点，将船打翻，那么，家人将如何思念自己呢？

幸好，一路上有惊无险。上岸之后，他便写下《荆门西下》以纪此行，满蕴思乡之怅惘：

> 一夕南风一叶危，荆云回望夏云时。
>
> 人生岂得轻离别，天意何曾忌崄巇。
>
> 骨肉书题安绝徼，蕙兰蹊径失佳期。
>
> 洞庭湖阔蛟龙恶，却羡杨朱泣路岐。

自荆州东去，南风吹着一叶扁舟曾遇风波之险，他回望荆州，已被层层云朵遮掩。人生之中，哪能轻言别离，上天为何让命运如此险恶？刚刚给家人寄过信了，说自己会在异地安顿下来，可是马上又开始思念，担心返回故乡遥遥无期。洞庭湖波澜壮阔，传说有蛟龙作恶，却羡慕起杨朱在分歧路哭泣，后来反而免遭艰险。

"杨朱泣路"典出《荀子·王霸》："杨朱哭衢途曰，'此夫过举蹞步而觉跌千里者夫！'哀哭之。"所谓选择错了一步路，觉悟时就相差千里了，杨朱因此而哭泣。

一路颠簸，时走时行，李商隐终于在五月九日到了桂林。这里离长安十分遥远，地理风貌也是截然不同。陌生的环境让他思乡之意愈浓，刚到不久，他就写下一首《桂林》：

城窄山将压，江宽地共浮。

东南通绝域，西北有高楼。

神护青枫岸，龙移白石湫。

殊乡竟何祷，箫鼓不曾休。

桂林风光旖旎，不仅有"山青、水秀、洞奇、石巧"四绝，还有"深潭、险滩、流泉、飞瀑"四观。当地的老百姓比较迷信鬼神，日夜祈福箫鼓不断。在李商隐看来，这旖旎的山水让他觉得有几分陌生。他想念着长安的晚照，想念着故乡的水云，想念着妻子和儿女。

在桂林，面对着青山秀水，李商隐也无心游历，整天忙于工作。在这一年里，他为郑亚起草了许多重要文件，传世的就有六十多篇。其中有一篇极为特殊的《太尉卫公会昌一品集序》，是为李德裕的文集做的序。

大中元年（847年）九月，也就是李商隐和郑亚到达桂林的那一年，被贬洛阳的李德裕将自己在唐武宗时期任宰相时所写的制诰全部整理出来，派人送到桂州，要郑亚代为编辑并作序。作为杰出文学家的李德裕将自己文章委托给郑亚，这是他对郑亚文才上的肯定，而作为失势政治家的李德裕将自己的制诰委托给郑亚，也是他对郑亚政治上的信任。郑亚毫不犹豫地接受了这个任务，并先委托李商隐代为起草序文。

李商隐通读了李德裕所有的文章，在序文中毫不忌讳地评价李德裕"成千古之良相，为一代之高士！"当时李德裕已经是个失势的下台宰相，其他朝臣官吏避之犹恐不及，但李商隐却不惧人言，发自内心地给予他极高评价，表现了他的书生意气与正直个性。郑亚在李商隐序文初稿的基础上再加修改，两人合作定稿《太尉卫公会昌一品集序》，放在李德裕的《会昌一品集》前面，流传了下来。

这时，李商隐作有一首《青陵台》，也是用"美人香草"的手法来讽喻时政：

　　　　　青陵台畔日光斜，万古贞魂倚暮霞。

　　　　　莫讶韩凭为蛱蝶，等闲飞上别枝花。

这首诗里用了"青陵台"的典故。晋干宝《搜神记》记载："宋康王以韩朋妻美而夺之，使筑青凌台，然后杀之。其妻请临丧，遂投身而死。王令分埋台左右。"后来青陵台就成了咏爱情坚贞的典故。

青陵台畔夕阳西斜，傍晚霞光满天，仿佛韩妻的万古贞魂，化作了这绚丽明霞。如果韩凭无视于他妻子的忠贞，飞到了别的花朵之上，也是可以理解的，因为现实之中，有太多见异思迁之人，这里见异思迁，不只是指薄情男子，而是借指那些墙头草一般的势利小人。李德裕失势之后，有一帮之前对他阿谀奉承之人马上变脸，甚至落井下石。李商隐感于时事，于是在诗中讽喻。

大中二年（848年）李德裕再贬崖州（治所在今琼山区大林乡附近）司户，次年正月抵达。大中四年（850年）正月卒于贬所，终年六十三岁。

唐懿宗即位，追复其官爵，并加赠尚书左仆射。李德裕在琼期间，著书立说，奖善嫉恶，颇有政绩，生前代表作有《会昌一品集》《左岸书城》《次柳氏旧闻》等。李德裕死后，历朝历代对他都评价甚高。梁启超甚至将他与管仲、商鞅、诸葛亮、王安石、张居正并列，称他是中国六大政治家之一。李商隐对他的评价，无疑是相当客观而又公正的。

此时李商隐远在桂林，公务繁忙，又思念妻子以及一双小儿女，写下了《思归》，抒发思念之情：

> 固有楼堪倚，能无酒可倾。岭云春沮洳，江月夜晴明。
>
> 鱼乱书何托，猿哀梦易惊。旧居连上苑，时节正迁莺。

他又写下颇有杜甫之风，沉郁顿挫的《北楼》，将思乡之情与爱国之意融合在一起：

> 春物岂相干，人生只强欢。花犹曾敛夕，酒竟不知寒。
>
> 异域东风湿，中华上象宽。此楼堪北望，轻命倚危栏。

好在郑亚对李商隐很欣赏，也很信任，李商隐虽然忙碌，但氛围并不压抑，工作得还算舒心。这一天簌簌下了一阵小雨，很快雨过天晴。正是春夏之交，天气清新明朗。小草上还滚动着滴滴雨珠，晶莹剔透，很是惹人怜爱，夕阳温暖的余晖轻轻照射在小草的露珠上，折射出瑰丽的光芒。李商隐心情也为之好转，禁不住登上高楼凭栏远眺，夕阳照射的窗子也是明亮的。小鸟的巢穴也被晒干，它们的体态也恢复了昔日的轻盈之姿。这天晚上，李商隐的笔下流泻出了一首《晚晴》，透露出久违的喜悦之情：

> 深居俯夹城，春去夏犹清。
>
> 天意怜幽草，人间重晚晴。
>
> 并添高阁迥，微注小窗明。
>
> 越鸟巢干后，归飞体更轻。

《逸老堂诗话》评道："唐李义山诗，有'天意怜幽草，人间重晚晴'之句。世俗久雨，见晚晴辄喜，自古皆然。"《网师园唐诗笺》评道："玉溪咏物，妙能体贴，时有佳句，在可解不可解之间。风人比兴之意，纯自意匠经营中得来。"

这一年十月，郑亚派李商隐坐官船到江陵府去拜访荆南节度使郑肃。这次出行，李商隐特地随身带了自己历年所写的数百篇诗文。他就在船上细细编选，将这些厚厚的文稿，自己数十年来的心血编成了一部二十卷的文集，并撰写序言，是为《樊南甲集序》：

> 樊南生十六，能著《才论圣论》，以古文出诸公间。后联为
>
> 郓相国华太守所怜，居门下时，敕定奏记，始通今体。后又两为

秘省房中官，恣展古集，往往咽嚎于任、范、徐、庾之间。有请作文，或时得好对切事，声势物景，哀上浮壮，能感动人。十年京师，寒且饿，人或目曰：韩文、杜诗，彭阳章檄，樊南穷冻。人或知之。仲弟圣朴，特善古文，居会昌中进士，为第一二，常表以今体规我，而未为能休。大中元年，被奏入岭当表记，所为亦多。冬如南郡，舟中忽复括其所藏，火燹墨污，半有坠落。因削笔衡山，洗砚湘江，以类相等色得四百三十三件，作二十卷，唤曰《樊南四六》。四六之名，六博格五、四数之甲之取也，未足矜。十月十二日夜月明序。

他从江陵返回之后，郑亚又派他到桂林西部的昭州郡代理太守。当时昭州官吏因为贪污引起百姓强烈反抗，已经弃官而逃，郑亚急需人才去管理昭州，于是就把这个重任交给了李商隐。

李商隐终于做了一方的父母官，虽然不是正式任职。他渴望在这里施展一下治国理民的才能。在这里，他写了几首诗，如《昭州》《异俗》等，记录当地风土人情，关心民生疾苦，但是他还没来得及大展拳脚，就又一次被剥夺了舞台。他到昭州不过一个多月，郑亚便被朝廷由桂管贬到循州（今广东惠州）当刺史去了。郑亚遭贬，李商隐在桂林自然也待不下去了，而此时他来桂林还不到一年。

这次郑亚被贬，是因为吴湘之狱，是明显地被栽赃嫁祸。郑亚不服，想要为自己和李德裕申诉。李商隐便无所畏惧地接下了这个任务，为他起草过分别致刑部侍郎马植、大理卿卢言等人的信，为李德裕、李绅辩护。然而，吴湘案不过是牛党打击李党的借口，这些信件自然是没有半点用处的，很快就如泥牛入海，无声无息了。

郑亚终于放弃了申辩，无奈地接受了新的任职。临走前，郑亚问李商隐是否愿意和自己一起去循州，李商隐想起在家中等候已久的妻子与儿女，不想再南下了，那样离他们更为遥远，于是便婉言拒绝了。两人虽然是上下级关系，但也算得上意气相投、肝胆相照的朋友，因此分别时也是颇为不舍。

告别郑亚之后，李商隐便北上回长安。路经潭州之时，他写下了一首《无题》：

> 万里风波一叶舟，忆归初罢更夷犹。
> 碧江地没元相引，黄鹤沙边亦少留。
> 益德冤魂终报主，阿童高义镇横秋。
> 人生岂得长无谓，怀古思乡共白头。

"万里风波一叶舟"既是实写也是虚写。他乘舟而上，茫茫风波之上，着此一叶小舟，而这也是他的身世之叹。自少年到青年，再到中年，他一直都在东奔西走，四处漂泊，从来没有安定下来过。他深爱妻子，深爱家人，却无法陪伴他们，反而远走他乡，因而"怀古思乡共白头"。

李商隐又写下了一篇《风雨》：

凄凉宝剑篇，羁泊欲穷年。黄叶仍风雨，青楼自管弦。

新知遭薄俗，旧好隔良缘。心断新丰酒，销愁斗几千。

他虽然挥洒过《宝剑篇》那样豪气干云的诗篇，渴望有一番作为，但一直羁旅在外，蹉跎光阴。眼前黄叶在风雨中飘摇不已，高门大户中却依然传来靡靡之音。他所新交的朋友被世俗鄙薄非难，而旧日知音却又因路途遥遥而日渐疏远。心中苦闷不已，想断绝这些烦恼，于是他要寻见新丰美酒，以酒浇愁，不管价钱如何。

这里的《宝剑篇》是指为唐初郭震所作的一首著名诗篇。《新唐书·郭震传》载，郭震少有大志，十八举进士，为通泉尉，任侠使气。武后召欲诘，既与语，奇之，索所为文章，上《宝剑篇》：

君不见昆吾铁冶飞炎烟，红光紫气俱赫然。

良工锻炼凡几年，铸得宝剑名龙泉。

龙泉颜色如霜雪，良工咨嗟叹奇绝。

琉璃玉匣吐莲花，错镂金环映明月。

正逢天下无风尘，幸得周防君子身。

精光黯黯青蛇色，文章片片绿龟鳞。

非直结交游侠子，亦曾亲近英雄人。

何言中路遭弃捐，零落漂沦古狱边。

虽复尘埋无所用，犹能夜夜气冲天。

武后看后"嘉叹"，立即加以重用。后来郭震成了战功赫赫的将领，官至宰相，同时也是著名诗人，有诗文传世。李商隐叹息自己虽然有郭震那样的抱负和才华，却没有郭震那样的机缘，他的青春，很快就要耗完了，依然一事无成。

他终于赶到了商洛（今陕西商县），知道长安已近，但他心情依然沉重。年轻时他写下"永忆江湖归白发，欲回天地入扁舟"，希望能大干一番事业之后功成身退，但是这个梦想，显得越来越渺茫了。他写下《陆发荆南始至商洛》：

昔去真无奈，今还岂自知。

青辞木奴橘，紫见地仙芝。

四海秋风阔，千岩暮景迟。

向来忧际会，犹有五湖期。

这首诗里用了范蠡的典故。范蠡和商山四皓一样，都是智慧通透、急流勇退的人物。春秋末期著名的政治家、军事家、经济学家和道家学者。曾献策扶助越王勾践复国，后隐去。传说他携西施泛舟五湖之中，后从商，三次经商成巨富，三散家财，又被称为商圣。司马迁都说"范蠡三迁皆有荣名"。史书上也有"忠以为国；智以保身；商以致富，成名天下"的评价。

大中二年（848年）秋，他回到京城长安。他什么也没有带回来，只有一身风尘，两袖清风。妻子和一双小儿女却非常高兴他的归来。他满心沉重也得到了些许慰藉，禁不住展眉而笑。是呀，家是他永远的港湾，妻子是他永远的温暖。当晚，李商隐就和妻子一起剪烛夜话，其意融融。

但是，短暂的温馨之后，他马上又要面对现实，要尽快找到工作，担起养家糊口的重任。这时，令狐绹已经升任翰林学士，负责朝廷诏书的起草。他写信给令狐绹，希望能得到他的帮助，但和从前一样没有任何回应。他只好参加吏部的考试，终于得到一个盩厔县尉的小职位，而十几年之前，他就曾担任弘农县尉。那时他年轻气盛，还可以负气出走，而如今人到中年，一对儿女嗷嗷待哺，只能忍气吞声，默默工作。

不久之后，李商隐因出众的才华，被京兆尹郑涓看中，郑涓请他到京兆府做书记工作，可以将他调回长安。这个职位是李商隐擅长的文书工作，总算又把他从县尉那些纷繁芜杂的工作中解救了出来。然而做文书的人，永远是隐藏在文字背后，无法真正走到台前来。他真正的才华总是被有意忽略，故意埋没，而且这份工作报酬也低微得可怜。他耀眼的才华，就年复一年、日复一日地磨损在官样文章之中。

这段时间，李商隐写下了《钧天》一诗：

上帝钧天会众灵，昔人因梦到青冥。

伶伦吹裂孤生竹，却为知音不得听。

钧天是古代中国神话传说中天帝住的地方。有一次，赵简子（即赵鞅，赵武之孙，晋三卿之一）病重，昏睡五天五夜。醒来后便说："我之帝所甚乐，与百神游于钧天，广乐九奏万舞，不类三代之乐，其声动人心。"伶伦又称泠伦，相传为黄帝时代的乐官，是中国古代发明律吕、据以制乐的始祖。赵简子完全不懂音乐，却偶然因梦而上到天庭，得听钧天之乐，而伶伦是真正妙解音律的天才，却偏偏没有这样的际遇。李商隐这首诗，自然是以伶伦自喻，空有才华，却没有施展的平台。

此时朝廷小人当道，乌烟瘴气。李商隐一直关心时事，他怀念那个卓有政绩的李德裕，同情他的遭遇。虽然自己处境艰难，但是他依然以一颗真挚的诗心写下两首纪念李德裕的诗，一为《旧将军》：

云台高议正纷纷，谁定当时荡寇勋。

日暮灞陵原上猎，李将军是旧将军。

谁还记得那个灞陵原上英姿飒爽的李将军？他才是平定边疆的真正英雄！这里李商隐把李德裕比作汉代著名将领"飞将军"李广。

二为《李卫公》德裕：

绛纱弟子音尘绝，鸾镜佳人旧会稀。

今日致身歌舞地，木棉花暖鹧鸪飞。

李商隐与李德裕并没有见过面，也没有受过他的恩惠，他之所以写诗仗义执言，不过是因为诗人的真性情罢了，而这样的真性情，让他越发不容于当时的政坛。

李商隐·《杜司勋》

高楼风雨感斯文，短翼差池不及群。

刻意伤春复伤别，人间惟有杜司勋。

真心待友｜人间惟有杜司勋

李商隐对未曾谋面的李德裕尚且如此仗义执言，对他身边的朋友也就更加真心相对了。他最重要的朋友，显然是令狐绹。虽然令狐绹后期对他一直冷淡疏离，但恩师令狐楚在世之时，李商隐确实是把令狐绹当作自己最好的朋友。

大中三年（849年）二月，令狐绹由翰林学士改拜中书舍人，又迁御史中丞。李商隐这时作有一首《令狐舍人说昨夜西掖玩月因戏赠》：

> 昨夜玉轮明，传闻近太清。凉波冲碧瓦，晓晕落金茎。
> 露索秦宫井，风弦汉殿筝。几时绵竹颂，拟荐子虚名。

诗里的意思依然是希望令狐绹可以在仕途上推荐自己，但李商隐自己对此也已经不抱希望，因此题作"戏赠"。

与李商隐坎坷而又憋屈的幕僚生涯比起来，令狐绹真是太顺利了。唐武宗时，令狐绹任湖州（今浙江湖州）刺史。在唐宣宗大中四年（850年）的时候，令狐绹起任宰相，并担任了九年宰相之职。唐懿宗时，令狐绹历任河中、宣武、淮南等节度使。后召入知制诰，辅政十年，拜司空、检校司徒，封凉国公。

虽然位极人臣，手握重权，但令狐绹才能十分平庸，无论是政治才能还是文学才能，他都远远不能跟父亲令狐楚相比。后来唐懿宗咸通九年（868年），庞勋起义军攻占徐州（今江苏省徐州市），他受命为徐州南面招讨使，就屡为庞勋所败。

李商隐好友、著名诗人、词人温庭筠与令狐绹也有交往，经常出入于相府。温庭筠闲来无事，便帮令狐绹捉刀写文，令狐绹也给了他甚为丰厚的润笔费，"待遇甚优"。当时唐宣宗喜欢唱教坊曲《菩萨蛮》，令狐绹就曾请温庭筠代为填词二十首《菩萨蛮》。温庭筠写完后，令狐绹就把这二十首新作献给唐宣宗，并嘱咐温庭筠不要告诉任何人捉刀的事情，但温庭筠不以为意，把这事儿随随便便就告诉别人，很快闹得众人皆知。

唐宣宗赋诗，上句有"金步摇"，温庭筠以"玉条脱"对之。宣宗很满意。令狐绹不知"玉条脱"出自何典，于是便询问温庭筠。温庭筠告诉他出自《南华经》，还讽刺令狐绹说："非僻书，相公燮理之暇，亦宜览古。"《南华经》又不是什么偏僻的经书，你公务之余，还是看点书吧。令狐绹原本就心胸狭窄，遭此嘲讽，勃然大怒。很快他就找机会在唐宣宗面前不断地说温庭筠的坏话，温庭筠的政治前途自然就毁了。后来，温庭筠也作诗叹息自己得罪小人，曰："因知此恨人积多，悔读《南华》第二篇。"

温庭筠以词赋知名，然屡试不第，客游淮间。他如此才华，如此个性，自然和李商隐甚为投缘，交情也的确深厚。他们的诗歌风格都有六朝之风，词采华美摇曳，笔调柔婉瑰艳，因此号称温李。然而诗家普遍评论都认为李商隐的诗歌更在温庭筠之上。陆时雍《诗镜总论》则说："李商隐丽色闲情，雅道虽漓，亦一时之胜；温飞卿有词无情，如飞絮飘扬，莫知指适。"《四库全书总目》更谓："庭筠多绮罗脂粉之词，而商隐感时伤事，尚颇得风人之旨。"

温庭筠与李商隐年龄相近，温庭筠出生于812年，而李商隐出生于813年，温庭筠只比李商隐大一岁。两人又都郁郁不得志，因而彼此之间颇有惺惺相惜之感。温庭筠曾有一首《秋日旅舍寄义山李侍御》：

> 一水悠悠隔渭城，渭城风物近柴荆。寒蛩乍响催机杼，旅雁
> 初来忆弟兄。
> 自为林泉牵晓梦，不关砧杵报秋声。子虚何处堪消渴，试向
> 文园问长卿。

温庭筠自己出门在外，秋风瑟瑟之中颇感孤清，却关心起此时还在漂泊天涯的好友李商隐。他在诗中把李商隐比作司马相如，勉励他一定会有出头之日。李商隐也有写给温庭筠的诗，流传下来的有两首，其中一首是《有怀在蒙飞卿》：

薄宦频移疾，当年久索居。哀同庾开府，瘦极沈尚书。

城绿新阴远，江清返照虚。所思惟翰墨，从古待双鱼。

在诗中，李商隐心疼温庭筠体弱多病却总是被贬谪，还在偏远之处住了很久。自从温庭筠被贬谪远离之后，自己便哀伤得如同庾信失去了好友徐陵，身体也如沈约一般消瘦。抬眼看去，眼前绿树新芽，清江映日，但心中所念只有好友，只能把一切思念都诉诸书信了。

诗中所提到的"庾开府"即南北朝时期著名文学家庾信，庾信与徐陵同时担任东宫学士，其文学风格被称为"徐庾体"，二人才高而相互欣赏，是知交好友。"沈尚书"则指的南朝著名文学家、史学家沈约，沈约因为抑郁而消瘦，因此诗中云"瘦极沈尚书"。这里，李商隐以庾信、沈约自比，而把好友温庭筠比作徐陵。

在梓州幕时，李商隐听闻他和温庭筠共同的朋友卢献卿因受到谗言而郁郁去世之消息，为其哀伤难过，又写下一首《闻著明凶问哭寄飞卿》寄给温庭筠：

昔叹谗销骨，今伤泪满膺。空馀双玉剑，无复一壶冰。

江势翻银砾，天文露玉绳。何因携庾信，同去哭徐陵。

著明即卢献卿的字。孟棨《本事诗》载："范阳卢献卿，大中中举进士，作《愍征赋》数千言，时人以为《哀江南》之亚。连不中第，薄游衡湘，至郴而病……后旬日而段。"飞卿即温庭筠的字。李商隐为好友卢献卿的郁郁而终而感到痛惜不已，因此写诗给温庭筠感慨此事，诗中直抒胸臆，难掩愤懑之意。

温庭筠除了诗，更著名的是他的词，他被认为是花间词鼻祖，所作之词精致婉转之极，"能逐弦吹之音，为侧艳之词"。虽然温李齐名，但李商隐却从未写过词。这是因为，当时人们普遍认为词是写"风谣里巷男女哀乐"的作品。温庭筠喝酒狎妓，放浪形骸，玩世不恭，风流自赏，并且还精通音律，而李商隐实际上是个循规蹈矩的温厚儒生，少有进出风月场所，对妻子颇为专情，对音律也不如温庭筠通达，因此，温庭筠成了著名词人，而李商隐只专注于诗。

不过，清人张惠言在《词选·序》中曾说，词是"以道贤人君子幽约怨悱不能自言之情"，实际上，李商隐的一些无题诗已经具备了词的要眇宜修之特质，如果他真的写词的话，成就定在温庭筠之上。

与李商隐齐名并有交往的著名诗人，除了温庭筠，还有杜牧。杜牧与李商隐也是朋友。唐宣宗大中三年（849年）春天，杜牧也来到了长安。这一对"小李杜"终于见面了。当时杜牧任司勋员外郎兼史馆修撰，李商隐在京兆府担任代理法曹参军。

见面之日正值风雨交加，两位大诗人应该是在酒楼里相聚，并交换了彼此的作品阅读。李商隐读后，对杜牧佩服得五体投地。之前他就早闻杜牧之名，也读过他的部分作品，如今又读到他的新作，感到非常欢喜。他很快就写了一首《杜司勋》赠给杜牧：

高楼风雨感斯文，短翼差池不及群。

刻意伤春复伤别，人间惟有杜司勋。

　　李商隐在诗中说道，在这高楼之上、风雨之中，他细读杜牧的诗文，被深深感动，自愧自己才疏学浅无法与之比拟。杜牧的诗文感伤时事又伤离别，这世间的诗人唯有他值得推崇！这首诗虽然只有短短的四句，但深深表达了李商隐对杜牧真挚的欣赏之情与推崇之意。高处不胜寒，唯有杜司勋。从诗中来看，李商隐对杜牧不仅仅是倾慕，简直是仰慕了。

　　与出身寒微的李商隐不同，杜牧出身名门，是宰相杜佑之孙，杜从郁之子，门第比李商隐要高得太多了，而且杜牧博通经史，关注国事，政治才华十分出众，当他十几岁的时候，正值唐宪宗讨伐藩镇。他在读书之余还抽空专门研究过《孙子兵法》，写了十三篇《孙子》注解，也写了许多策论咨文，特别是有一次献计平房，被宰相李德裕采用，大获成功。

　　杜牧二十三岁作《阿房宫赋》，为传世名篇。在这篇赋中，他入木三分地指出："秦人不暇自哀，而后人哀之。后人哀之而不鉴之，亦使后人而复哀后人也！"他二十五岁时又写下了长篇五言古诗《感怀诗》，二十六岁中进士，授弘文馆校书郎。后赴江西观察使幕，转淮南节度使幕，又入观察使幕，理人国史馆修撰、膳部、比部、司勋员外郎，黄州、池州、睦州刺史等职。虽然杜牧因"刚直有奇节"而"抑郁谁诉"，与才能平庸而平步青云直至将相的堂兄杜悰比起来，算是不甚得志，但他的职位与政治上的成就已经是李商隐望尘莫及的。

杜牧虽然才高气傲，却也因郁郁不得志而总是抱怨，眼见老之将至，诗中便悲叹"前年鬓生雪，今年须带霜"不已。于是，后来李商隐又写了一首《赠司勋杜十三员外》赠予杜牧来安慰他：

> 杜牧司勋字牧之，清秋一首杜秋诗。
>
> 前身应是梁江总，名总还曾字总持。
>
> 心铁已从干镆利，鬓丝休叹雪霜垂。
>
> 汉江远吊西江水，羊祜韦丹尽有碑。

这首诗里，李商隐提到了杜牧早年的作品《杜秋娘》。《杜秋娘》这首诗实际上是杜牧借叙述杜秋娘的一生悲欢来抒写自己对人世沧桑的感慨，所谓"女子固不定，士林亦难期"，颇能代表杜牧之诗风。李商隐又用南朝著名文人江总来与杜牧相对比。他们除了文才出众之外，名和字都有共同之处，杜牧字牧之，江总字总持。因此，他便突发奇想，杜牧前世莫不是江总？接下来，他又称赞杜牧的心如铁石般坚定，才华如干将莫邪锻炼的剑刃那样闪亮锋利，就算鬓发如雪也不用叹息老大无成，现在杜牧奉命为前江西观察使韦丹撰写《遗爱碑》，李商隐相信，杜牧所撰写的碑文就像杜预远吊羊祜的碑文那般流传千古。

其实，李商隐在政治上的遭遇比杜牧要坎坷得多，不幸得多，但他却能深深理解杜牧心中的悲痛与惆怅，便积极出言鼓励和安慰他，可见李商隐的确是个非常温厚之人。他自身不幸，却并不为此自怨自艾，只是默默努力。朋友有难，他便为之心疼悲叹，怜悯不已。有李商隐这样的朋友，当是人生之中一大幸事。清人纪昀《玉溪生诗说》评价此诗言："嵚崎历落，奇趣横生，笔墨恣逸之甚，所谓不可无一，不可有二。"

可惜的是，杜牧对李商隐的这两首诗没有任何回应，对李商隐的真心称赞与安慰也没有丝毫表示。杜牧对李商隐爱理不理，还是因为门第与官职的关系。出身士族大家的杜牧其实根本就看不起出身寒族、家道中落的李商隐。温厚的李商隐对傲娇的杜牧的推心置腹并未换来杜牧的真心相待。

这一年五月，已逝于洛阳的牛僧孺的家人为他举行葬礼，各地纷纷作文献祭。京府尹便委托李商隐作祭文。李商隐文不加点，很快就写好了一篇。京府尹赞叹不已，又听说杜牧也为牛僧孺写了一篇《唐故太子少师奇章郡开国公赠太尉牛公墓志铭》，便对李商隐欢喜说道："吾太尉之薨，有杜司勋之志，与子之奠文，二事为不朽。"

李商隐还有一个小友，那就是诗人崔珏。崔珏在当时和现在，都算不上著名诗人，生卒年亦不详。他所写的诗，语言如鸾羽凤尾，极其华美纷丽，如《有赠》一诗中写倾国之姿，"烟分顶上三层绿，剑截眸中一寸光""两脸夭桃从镜发，一眸春水照人寒"等，想象丰富之极，笔意酣畅淋漓；也有清丽之句，如"银瓶贮泉水一掬，松雨声来乳花熟"等等。因他的诗风与李商隐相近，有人称其诗"分有义山余艳"。

李商隐与崔珏的交往，典籍上已无具体记载，如今只有李商隐写给崔珏的一首《送崔珏往西川》流传于世：

年少因何有旅愁，欲为东下更西游。

一条雪浪吼巫峡，千里火云烧益州。

卜肆至今多寂寞，酒垆从古擅风流。

浣花笺纸桃花色，好好题诗咏玉钩。

这首诗写得十分的亲切。大约崔珏要离家往西川而去，颇为忧愁不舍。李商隐便安慰他，年纪轻轻的，为何会有羁旅之愁，少年男儿志在四方，正是豪气冲天的时候。此行一去，定能看到巫峡里的条条雪浪，益州内火红的落日云霞，眼见如此壮丽山河，便冲淡了离愁别绪。蜀地又有多少风流旖旎之传说，那曾是汉代才女卓文君当垆卖酒、唐代女诗人薛涛自制浣花笺的所在。崔珏此去，可以多多挥洒一些诗篇了。

李商隐与崔珏的交往史书上并没有着笔，但是从这首诗来看，李商隐对作为后辈诗人的崔珏定是分外关心，言辞中充满鼓励与肯定。后来李商隐去世之后，诗坛寂寂无声，倒是只有年轻诗人崔珏悲恸之下，写下了铿锵有力的诗句，为李商隐痛挽："虚负凌云万丈才，一生襟抱未曾开！"

李商隐·《夜雨寄北》

君问归期未有期，巴山夜雨涨秋池。

何当共剪西窗烛，却话巴山夜雨时。

痛失爱妻｜深知身在情长在

　　大中三年（849年）九月，李商隐接到武宁军节度使卢弘止的邀请，前往徐州任职。他辟请李商隐的职位是节度判官，判官是幕府之中的高级职位，循例授侍御史衔（从六品下阶），足见他对李商隐也是非常欣赏。

　　卢弘止是一位很有能力的官员，自登进士第以来，从节度使府的掌书记做起，后在朝廷颇受重用，任监察御史、侍御史等职。唐宣宗大中元年（847年），卢弘正迁转户部侍郎，兼盐铁转运使，掌唐财政大权，后出为义成节度使。大中三年（849年）五月，驻扎在徐州的武宁军发生兵变，朝廷派出卢弘止前往平乱。卢弘止到达徐州之后，正是用人之际，于是便想起大才子李商隐来。之前李商隐在郑亚处，就曾持诗文拜访过卢弘止，当时卢弘止担任昭应县令。见到满纸生辉的诗文之后，他对李商隐的才华很是赏识。他为李商隐想得很周到，知道他囊中羞涩，还差人为他送来了三十五万钱，让他安心养家，还送来了路费。

　　考虑过后，李商隐答应了卢弘止，并于大中四年（850年）腊月的一个大风雪天出发赴任。临走前一晚，他和妻子又是剪烛夜话，满腹愁绪，久久不能入睡。大中二年（848年），李商隐在巴蜀短暂停留，曾经写过一首《夜雨寄北》给妻子：

君问归期未有期，巴山夜雨涨秋池。

何当共剪西窗烛，却话巴山夜雨时。

此篇平实之极，完全不同于他诸多瑰美幽艳的诗篇，便如书信一般，是淡淡叙说的文字，思念却是满溢。"何当共剪西窗烛，却话巴山夜雨时。"温暖的烛光跳跃，低声细语，笑语安然，超越语言的温馨与默契。那时巴山夜雨，想象能和妻子团聚时的温馨，可是团聚只有很短的时间，又要匆匆别离。这对恩爱夫妻心中泛着巴山夜雨般的惆怅，却都强颜欢笑，安慰着对方。

离别的那一刻还是来了。妻子不舍丈夫归家不过一年时间又要弃家远离，一家团聚的日子实在太短暂。此外，他双鬓已经开始染霜，年龄已是不轻，却还要受奔波之苦，妻子对此更是心疼不已。为了不让丈夫担心，她却什么都没有说，只是默默地为他收拾行李。相处多年，李商隐又岂不知妻子的心思，但是他留在朝廷，仍然是看不到一点曙光。他还没有放弃仕途，仍然苦苦挣扎着，盼望能够有一线转机，能让妻子和一双儿女过上好日子。

临走前，一对小儿女还在熟睡，他把他们看了又看，亲了又亲。终于，他狠下心，转过头，毅然背着行囊走进漫天风雪之中，身后是妻子依依惜别的目光。他不敢回头，怕回头了心会碎。他知道妻子已经泪盈于睫，却强忍着不掉下泪来。

迈着沉重的步子，迎着冰冷的风雪，他脚步沉重地走着。雪花晶莹剔透，漫天飞舞，打在他的睫毛上，面颊上，衣服上。他抬起头来，眼前是白茫茫的一片，只有几株胭脂一般的红梅，尚在凌雪傲霜，微微给他带来了一丝暖意。他心中默默吟成了《对雪二首》：

> 寒气先侵玉女扉，清光旋透省郎闱。
>
> 梅花大庾岭头发，柳絮章台街里飞。
>
> 欲舞定随曹植马，有情应湿谢庄衣。
>
> 龙山万里无多远，留待行人二月归。

> 旋扑珠帘过粉墙，轻于柳絮重于霜。
>
> 已随江令夸琼树，又入卢家妒玉堂。
>
> 侵夜可能争桂魄，忍寒应欲试梅妆。
>
> 关河冻合东西路，肠断斑骓送陆郎。

他在诗中安慰妻子说，某年的二月，他就会回来了。这也成了他和妻子约定的日期。后来他还特别作有一首《二月二日》：

二月二日江上行，东风日暖闻吹笙。花须柳眼各无赖，紫蝶黄蜂俱有情。

万里忆归元亮井，三年从事亚夫营。新滩莫悟游人意，更作风檐夜雨声。

大中四年（850年）初，李商隐赶到徐州。卢弘止与郑亚一样，对李商隐很是欣赏与敬重，并没有把他看作下属。卢弘止幕府之中的公务较之郑亚又较为轻松，因此李商隐这段时间的精神是比较放松的，心情也是比较愉快的。他报国建业的梦想又从心中浮现起来，曾作下一首长篇歌行《偶成转韵七十二句赠四同舍》：

沛国东风吹大泽，蒲青柳碧春一色。我来不见隆准人，沥酒空馀庙中客。

征东同舍鸳与鸾，酒酣劝我悬征鞍。蓝山宝肆不可入，玉中仍是青琅玕。

武威将军使中侠，少年箭道惊杨叶。战功高后数文章，怜我秋斋梦蝴蝶。

诘旦九门传奏章，高车大马来煌煌。路逢邹枚不暇揖，腊月大雪过大梁。

忆昔公为会昌宰，我时入谒虚怀待。众中赏我赋高唐，回看屈宋由年辈。

公事武皇为铁冠，历厅请我相所难。我时憔悴在书阁，卧枕芸香春夜阑。

明年赴辟下昭桂，东郊恸哭辞兄弟。韩公堆上跋马时，回望秦川树如荠。

依稀南指阳台云，鲤鱼食钩猿失群。湘妃庙下已春尽，虞帝城前初日曛。

谢游桥上澄江馆，下望山城如一弹。鹧鸪声苦晓惊眠，朱槿花娇晚相伴。

顷之失职辞南风，破帆坏桨荆江中。斩蛟断璧不无意，平生自许非匆匆。

归来寂寞灵台下，著破蓝衫出无马。天官补吏府中趋，玉骨瘦来无一把。

手封狴牢屯制囚，直厅印锁黄昏愁。平明赤帖使修表，上贺嫖姚收贼州。

旧山万仞青霞外，望见扶桑出东海。爱君忧国去未能，白道青松了然在。

此时闻有燕昭台，挺身东望心眼开。且吟王粲从军乐，不赋渊明归去来。

彭门十万皆雄勇，首戴公恩若山重。廷评日下握灵蛇，书记眠时吞彩凤。

之子夫君郑与裴，何甥谢舅当世才。青袍白简风流极，碧沼红莲倾倒开。

　　我生粗疏不足数，梁父哀吟鸲鹆舞。横行阔视倚公怜，狂来笔力如牛弩。

　　借酒祝公千万年，吾徒礼分常周旋。收旗卧鼓相天子，相门出相光青史。

　　在这首诗里，李商隐回忆了自己与卢弘止的交情，以及近年来的一些经历，称赞了卢弘止的志向与同事们的才华，也抒发了自己济世救民、建功立业的抱负。这首长篇歌行体的旋律是昂扬而慷慨的。然而他也时常想到自己青春已逝，这一年已经四十岁了，岁月忽已晚，而壮志尚未酬，便又作下了一首被人称赞"音节古雅，情景潇洒，神味绵渺"的长诗《戏题枢言草阁三十二韵》，其中叹道："我有苦寒调，君抱阳春才。年颜各少壮，发绿齿尚齐。"又叹道，"少年苦不久，顾慕良难哉。徒令真珠肶，裹入珊瑚腮。君今且少安，听我苦吟诗。古诗何人作，老大徒伤悲。"

　　他此时所作下的《漫成五章》，是他"历叙平生而作"：

　　　　沈宋裁辞矜变律，王杨落笔得良朋。

　　　　当时自谓宗师妙，今日惟观对属能。

　　　　李杜操持事略齐，三才万象共端倪。

集仙殿与金銮殿，可是苍蝇惑曙鸡。

生儿古有孙征虏，嫁女今无王右军。
借问琴书终一世，何如旗盖仰三分。

代北偏师衔使节，关中裨将建行台。
不妨常日饶轻薄，且喜临戎用草莱。

郭令素心非黩武，韩公本意在和戎。
两都耆旧偏垂泪，临老中原见朔风。

在徐州的这段时间，他不断回想着过去，回想着青春时的抱负，以及现在中年时的落魄，他奋斗半生，忙碌半生，然而只是消磨在了琐碎文书之中，昔日梦想根本没有实现，也无从实现，因而叹道"当时自谓宗师妙，今日惟观对属能"。他认为与其做一书生，琴书终老，不如沙场征战，戎马生涯。因此后来他在写给儿子的《骄儿诗》中，他也希望儿子崇武而不要尚文。他在诗里热情称赞"郭令""韩公"，即郭子仪、张仁愿，其实是借古人赞美李德裕的历史功绩。

在徐州的这段日子，李商隐也游历了不少名胜古迹。在徐州属县沛县城东，有刘邦起事前任亭长的泗水亭，唐代时泗水亭已经改为汉高祖庙。李商隐也前去汉高祖庙游览，并写下一首《题汉祖庙》：

乘运应须宅八荒，男儿安在恋池隍？

君王自起新丰后，项羽何曾在故乡。

汉高祖刘邦为泗水亭亭长时，于芒砀山前斩蛇起义，与项羽楚汉争霸，自此开创汉室四百年帝王基业。昔日刘邦也是一介布衣，然而建下了盖世功业，而同为布衣的自己是否还有可能实现自己的抱负呢？

虽然现在李商隐的无题诗广为流传，但李商隐从来就不是个单纯的爱情诗人，虽然以诗人的敏感与审美他可以捕捉到太多清美瑰丽的意象，但他从来就不满足于小清新小确幸，他也不甘心只做个诗人，做个文人，他对整个社会都怀着深深的关怀之情与悲悯之意。要不然，他也不会自守孝三年后重新出山。

在卢弘止的幕府中，李商隐似乎看到了希望。只要卢弘止继续受朝廷重视，那么他也可以跟随卢弘止在仕途上更进一步，不再如之前那样举步维艰。

然而，命运仍然没有垂青李商隐。李商隐追随卢弘止仅仅一年多后，大中五年（851年）春天，卢弘止被迁检校兵部尚书、汴州刺史、宣武军节度使，但是他却在这个时候身染重病，还没来得及去上任，便在徐州病逝了。于是，李商隐不得不再一次卸任，另谋出路。

与此同时，他也得到了另一个如晴天霹雳一般的噩耗：妻子王氏在长安病重！李商隐心急如焚，马不停蹄地赶回长安，却只来得及见到妻子最后一面。王氏最后留恋地看了他一眼，然后闭目而逝。此时，她还不过三十多岁，而他们成婚也只有短短十四年时间。他们的小儿子也不过只有六岁而已。

这个打击对李商隐来说实在太大了。他之前不管遇到多大的挫折，都还有着心力和心气，还抱着期待与憧憬，但王氏去世之后，他的世界便已天崩地裂，他也心灰意冷，可谓真的是"一寸相思一寸灰"了。他的咏物之诗也无不蒙上一层凄清悲怆之意。

夜晚，李商隐看到青天之中的一轮皎皎月亮，又触动愁肠，写下一首《月》：

> 过水穿楼触处明，藏人带树远含清。
>
> 初生欲缺虚惆怅，未必圆时即有情。

那月光洒在流水上、楼台上，明亮亮的。仰望天空，清凉月轮里，只隐隐约约看到人影和桂树。李商隐叹道，不要因为月亮的缺处而生出惆怅，因为月亮团团圆圆的时候，人也未必有团圆之情了。

他看着月下的西亭，昔日两人曾携手在这亭中共同赏月，其乐融融。夫妻俩情深意笃，但在一起的甜蜜时光却也太少，他总是长久地离开她在外谋生，让她一个人独守空房。原想着自己只要努力谋个前程，妻子便能有好日子过，谁知道她竟离他而去！她不在他身边，那么他就算取得了再大的成功又有什么意义？此后余生，只有一个人孤枕独眠了！悲恸之下，他又作下一首《西亭》：

此夜西亭月正圆，疏帘相伴宿风烟。

梧桐莫更翻清露，孤鹤从来不得眠。

　　王氏去世之后，他带着一双儿女，扶着王氏灵柩，回到她的家乡。到了洛阳王家大宅里，李商隐住在妻子曾经的闺房之中，看到房中还有妻子少女时代喜欢弹奏的锦瑟，窗外还有她所喜欢的蔷薇花儿。蔷薇上滚动着滴滴露水，仿佛在默默哭泣，绿色蔓条缀着小小的花儿。只有六岁的儿子衮师痴立在庭院里，没有了母亲的护持，他小小的身影就像天空无依无靠的浮云那样孤独。往事潮水般涌来，李商隐悲不自胜，写下了一首悼亡诗《房中曲》：

蔷薇泣幽素，翠带花钱小。

娇郎痴若云，抱日西帘晓。

枕是龙宫石，割得秋波色。

玉簟失柔肤，但见蒙罗碧。

忆得前年春，未语含悲辛。

归来已不见，锦瑟长于人。

今日涧底松，明日山头檗。

愁到天池翻，相看不相识。

　　白天夜晚，门外室中，无不触目生悲，字字思念，字字血泪。无怪乎张采田在《玉溪生年谱会笺》中说这首诗："情深一往，读之增伉俪之重，潘黄门后绝唱也。"

他的内兄王十二郎以及连襟韩瞻过来拜访他，见他面容憔悴，身形消瘦，都担心他过于伤痛，损伤身体，于是便邀请他共饮，但李商隐无心于此，作下《王十二兄与畏之员外相访见招小饮时予以悼亡日近不去因寄》：

> 谢傅门庭旧末行，今朝歌管属檀郎。
> 更无人处帘垂地，欲拂尘时簟竟床。
> 嵇氏幼男犹可悯，左家娇女岂能忘？
> 秋霖腹疾俱难遣，万里西风夜正长。

颈联"嵇氏幼男犹可悯，左家娇女岂能忘？"分别以"嵇氏幼男""左家娇女"借指自己的一双小儿女。"嵇氏幼男"本指嵇康的儿子，嵇康被司马昭杀害时，他的儿子嵇绍才十岁，嵇康十分不舍儿子，将他托付给好友山涛。"左家娇女"则是指左思的两个女儿，左思疼爱女儿，作有《娇女诗》，满蕴慈父柔情。因妻子去世，李商隐已是心灰意冷，对任何事情都提不起兴趣，只有一双儿女是他的慰藉，令他怜悯不已。

这时，朝廷给他的任命是太学博士。这是一个"主事讲经，申诵古道，教太学生为文章"的职位，还是令狐绹主动干预的结果。这个职位为正六品上阶，但是却与他的性子背道而驰。李商隐本就不喜经书，不信古道，而这个职位却要他违背本心去宣教不信服的东西，实在是对他的一种变相的折磨。令狐绹看似是对他出手相助，实际上还是在逼着他走投无路。李商隐为了养育一双儿女，麻木地接受了这个职位，但内心深处更感痛苦。

幸好，又有一个新的机会摆在他面前了。大中五年（851年）七月，被任命为西川节度使的柳仲郢向李商隐发出了邀请，希望他能随自己去西南边境的四川任职。柳仲郢是名门世家，兵部尚书柳公绰是他父亲，著名书法家、诗人柳公权是他叔父。因为门第显赫，也因为自身才能的确出众，柳仲郢的仕途很是顺利。这样一个长官，应该是值得跟随的。

李商隐虽然不忍心离开孩子，但是他在太学博士这个位子上实在痛苦，在家里又睹物思人，饱受相思煎熬。于是考虑之下，李商隐接受了参军的职位。简单地安排了家里的事情之后，他于当年十一月入川赴职。

韩瞻见李商隐孤孤单单独自上路，心中难过不已，于是便一路送他西行。为了表示感谢，李商隐写下《赴职梓潼留别畏之员外同年》：

> 佳兆联翩遇凤凰，雕文羽帐紫金床。
>
> 桂花香处同高第，柿叶翻时独悼亡。
>
> 乌鹊失栖长不定，鸳鸯何事自相将。
>
> 京华庸蜀三千里，送到咸阳见夕阳。

李商隐与韩瞻都饱读诗书，同年登第，先后都娶了王茂元的女儿为妻。韩瞻仕途顺利，但自己却奔波于各个幕府做幕僚，韩瞻夫妻恩爱，如同鸳鸯一般相互扶持，而自己的妻子却早早离开了自己。韩瞻夫妇送自己到了咸阳，日已西沉，夕阳无比凄凉。他强忍着心中痛楚，告别了这对好心的夫妇，独自驾马驱车，向着蜀幕府奔去。

途径散关之时，李商隐又遇到了一场风雪。他不由得想起当初自己远离妻子去卢弘止府上做幕僚之时，也是这么一个风雪之天。妻子细心整理衣物，叠得整整齐齐，还不忘嘱咐他多加衣服，免得着凉。每逢换季之时，妻子也总会寄来衣物。如今，妻子已逝，还有谁会寄衣物给自己，嘘寒问暖，知冷知热，还会有谁无怨无悔地爱着自己呢？李商隐又悲从中来，作下《悼伤后赴东蜀辟至散关遇雪》：

> 剑外从军远，无家与寄衣。
> 散关三尺雪，回梦旧鸳机。

李商隐乘着船行过嘉陵江，来到望喜驿。回望滔滔江水，月下江水呈现出梦幻的烟波蓝色，显得分外美丽。这旖旎的景色慰藉了多情的诗人，让他沉寂的心中禁不住浮现了一缕温情，于是他又写下《望喜驿别嘉陵江水二绝》：

> 嘉陵江水此东流，望喜楼中忆阆州。
> 若到阆中还赴海，阆州应更有高楼。

千里嘉陵江水色，含烟带月碧于蓝。

今朝相送东流后，犹自驱车更向南。

　　这年十月，长途跋涉之后，李商隐终于到达四川柳仲郢的梓州幕府。柳仲郢对他很礼遇，原本是奏辟他为节度使府记事，但他到来之后，柳仲郢觉得这个职位太委屈这位大才子了，于是便改请他担任节度判官，并为他征得检校工部郎中的职位，检校工部郎中为从五品上阶。这无疑是对他特别的看重了，这也是李商隐到目前为止所任官职中的最高品阶。李商隐是个感恩之人，为报柳仲郢的知遇之恩，工作特别认真。他此时的工作内容，依旧是起草各类公私文件，他已经完全轻车熟路了。

　　之前，李商隐有过"他年锦里经祠庙"的想法，既然到了四川，自然要去武侯祠，武侯祠是纪念三国时期蜀汉丞相诸葛亮的祠堂，因诸葛亮生前被封为武乡侯，因而得名。在武侯祠之中，他看到了浓荫匝地的参天古柏。他想起杜甫曾作《蜀相》，开篇便是"丞相祠堂何处寻，锦官城外柏森森。"李商隐素来喜好杜甫之诗，《蔡宽夫诗话》曾道："王荆公……以为唐人知学老杜而得其藩篱者，唯义山一人而已。"他于是也作下了一首《武侯庙古柏》：

蜀相阶前柏，龙蛇捧閟宫。阴成外江畔，老向惠陵东。

大树思冯异，甘棠忆召公。叶凋湘燕雨，枝拆海鹏风。

玉垒经纶远，金刀历数终。谁将出师表，一为问昭融。

李商隐以武侯祠中的森森古柏，来象征诸葛亮的风骨与精神。他慨叹诸葛亮虽然是盖世奇才，却生不逢时，他鞠躬尽瘁死而后已，但蜀汉还是在他死后被西晋所灭，此乃蜀汉气数已尽，即"历数终"，非一人之力可挽回。"出师未捷身先死，长使英雄泪满襟。"其实，并不是诸葛亮一人的悲剧，而是蜀汉的悲剧。时势造英雄，若时移世易，英雄也是无可奈何。

他在柳仲郢幕府大约生活了四年，大部分时间都郁郁寡欢。这里的公务非常繁忙，他一次又一次被公文材料所淹没。不久，掌书记又告假回京，于是柳仲郢便要李商隐也兼起记室，李商隐身兼二职，更是忙碌。因此，当他能够得以偷得浮生半日闲时，是为这难得的小确幸而感到欢喜的。曾作《三月十日流杯亭》以记之：

> 身属中军少得归，木兰花尽失春期。
> 偷随柳絮到城外，行过水西闻子规。

因为对亡妻的深切怀念，还有对一双小儿女的依依思念，他终日难以开颜，再加上工作繁忙，大大消损了他的健康。他从小就忙忙碌碌地工作，承担起一个家庭的责任，仿佛从来也不觉得累。如今，他终于感到累了。应该是说，他的身体感到累了。他身体的状况不容乐观，经常生病，"天涯常病意"。他在《属疾》这首诗里叹息自己："多情真命薄，容易即回肠。"

这个春天里，李商隐看到满眼的鲜花，回忆起已经凋谢的梅花，于是作下一首《忆梅》：

定定住天涯，依依向物华。

寒梅最堪恨，常作去年花。

他长久地漂泊在天涯，依依不舍地向往着春日的芳华。最让人遗憾的是绝美的寒梅，它最早开放，将春意携来，却又早早凋谢，不占芳时，常常被当作去年开的花。他自己，年少聪慧，十六岁便以古文成名，后来更是诗名卓著，就像那过早开放的"寒梅"，然而，百花争艳之时，自己却不在其中，长久郁郁不得志，昔日雄心壮志，也将要消耗殆尽，很快就要告别这个时代了，被时代所抛弃了。

他又作有一首《天涯》：

春日在天涯，天涯日又斜。

莺啼如有泪，为湿最高花。

这首诗"意极悲，语极艳"，已经是万紫千红的春天了，然而自己却独自漂泊在天涯，已经倍感孤寂了，而更孤寂的是又逢日落西山的时分，于是孤寂之意更浓。这时，飞来了几只黄莺儿，它们鸣叫声声，凄婉动人，仿佛也在啼哭。诗人在心里默默对黄莺儿说，如果你们也会流泪的话，就请为我洒下那立在最高枝上、遗世而独立的花儿吧。

"最高花"指的就是最高枝的花儿，也就是开到最后的花。花儿已经开尽，春日已接近谢幕之时，连黄莺儿也为春逝而啼哭。然而自己人生的春天，是彻底不存在了，一切美好的事物，终是要消逝的。一切芬芳与光亮，终究归于幻灭。

他曾一度对佛教发生了很大的兴趣，与当地的僧人交往，并捐钱刊印佛经，甚至想过出家为僧。他少年时曾经醉心于道教，此刻却在佛家思想里寻求精神安慰："空庭苔藓饶霜露，时梦西山老病僧。"大中七年（853年），李商隐编辑《樊南乙集》，在序言中写道："三年以来，丧失家道。开居忽忽不乐，始克意事佛，方愿打钟扫地，为清凉山行者。"

他此时所作的一些诗作，并含禅机佛理，且开始蕴入不少佛家典故和意象。他所作的《玄微先生》中有："仙翁无定数，时入一壶藏。"那仙翁来无影去无踪，有时候还忽然跳入一个小小的壶中躲藏，倏忽就没有了身影。佛家有"须弥芥子"之说，言偌大的须弥山纳于芥子之中，暗喻佛法之精妙，无处不在。他还作有《送臻师二首》：

昔去灵山非拂席，今来沧海欲求珠。

楞伽顶上清凉地，善眼仙人忆我无。

苦海迷途去未因，东方过此几微尘。

何当百亿莲花上，一一莲花见佛身。

过去李商隐曾来到灵山参谒法师，却未能随侍学佛，如今他又来求教，希望能获得点化，获得解脱。他来到这楞伽顶的清凉地上，不知法师是否还记得他？人生如迷途苦海，因果谁知，能到此地，不知经过了几次轮回。什么时候尘世上能够涌现百亿莲花，每一朵莲花上都有悲悯世人的佛光普照？

这首诗里，用了"微尘"和"莲花"两个佛家常用意象。"微尘"出自《法华经》："假使有人磨以为墨，过于东方千国土，乃下一点，大如微尘；又过千国土，复下一点；如是展转，尽地种墨，于汝等意云何，是诸国土，若算师，若算师弟子。能得边际知其数不。""莲花"出自《大般涅盘经》："世尊大放光明，身上一一毛孔出一莲华，其华微妙，各具干叶。是诸莲华，各出种种杂色光明，是一华各有一佛，圆光一寻，金色晃耀，微妙端严，尔时所有众生多所利益。"

他也时常去拜访各种隐士高僧，以聊禅机，但是隐士经常出山采药，他常常寻隐者不遇，曾写下一首《北青萝》：

残阳西入崦，茅屋访孤僧。

落叶人何在，寒云路几层。

独敲初夜磬，闲倚一枝藤。

世界微尘里，吾宁爱与憎。

夕阳西下的时候，李商隐在山中的茅屋里拜访一位高僧。落叶瑟瑟满地，人不知何处，寒云掩映，山路逶迤。忽然听到晚磬悠悠不绝的声音，夜色已渐渐涌来。晚磬声过后，高僧终于出现，倚着一支藤杖，气定神闲。李商隐忽然间豁然开朗，整个世界也不过是一粒微尘而已，我又何必如此执著于人生爱憎！他似乎暂时得到了心灵的宁静。

梓幕生活是李商隐宦游生涯中最平淡稳定的时期，他再也无心无力去追求仕途的成功了。他最著名的《锦瑟》，应该也是作于这个时期。这时候，他已经从丧妻之痛里渐渐走出，但思念与爱恋却更加深沉：

> 锦瑟无端五十弦，一弦一柱思华年。
>
> 庄生晓梦迷蝴蝶，望帝春心托杜鹃。
>
> 沧海月明珠有泪，蓝田日暖玉生烟。
>
> 此情可待成追忆，只是当时已惘然。

"锦瑟无端五十弦"，妻子生前，最爱的便是闺房之中的锦瑟，因此之前李商隐诗中有"锦瑟长于人"之诗句。锦瑟指的，就是"绘文如锦"的瑟。《周礼·乐器图》记载："雅瑟二十三弦，颂瑟二十五弦，饰以宝玉者曰宝瑟，绘文如锦者曰锦瑟。"瑟最初有五十根弦，故又称"五十弦"，但因为弹奏的乐曲太过悲伤，因此后改为二十五弦。《汉书·郊祀志上》记载："秦帝使素女鼓五十弦瑟，悲，帝禁不止，故破其瑟为二十五弦。"李商隐悲叹道，那精致之极的瑟，为什么要有五十根弦呢？五十弦的瑟弹拨出极婉转幽怨的曲调，那每一弦每一柱，都让他想起了自己曾经逝去的似水年华，所谓"一弦一柱思华年"。

接下来便用了四个瑰美之极的典故，来表达他内心里那种惆怅迷惘的情感。"庄生晓梦迷蝴蝶"，用的是"庄周梦蝶"之典："昔者庄周梦为胡蝶，栩栩然胡蝶也，自喻适志与！不知周也。俄然觉，则蘧蘧然周也。不知周之梦为胡蝶与，胡蝶之梦为周与？周与胡蝶，则必有分矣。"庄周曾经梦见自己变成了蝴蝶，非常欢喜，已经不记得自己是庄周了。然而醒来之后，发现自己还是庄周，于是，他迷惑了，不知道是自己梦见了蝴蝶，还是蝴蝶梦见了周庄。人生如梦，还是梦如人生？这也是李商隐的迷惘。

"望帝春心托杜鹃"则用的是"杜鹃啼血"之典。传说春秋战国时期蜀国有个国王，名叫杜宇，号称望帝，他爱民如子，却爱上大臣鳖灵之妻，后来把王位让给了立下大功的鳖灵。望帝身死后，灵魂化作杜鹃鸟，他思念故国，也思念心爱的女子，每到暮春时节就凄凉地哀鸣着，直到口中啼血。这里李商隐诉尽了自己心中因妻子逝去而无可言说的悲凉哀痛之情，心中也几乎要滴出血来。

"沧海月明珠有泪"用的"沧海月明"之典。《博物志》记载："南海外有鲛人，水居如鱼，不废绩织，其眼泣则能出珠。"沧海之中，明月之下，鲛人落下的泪化作晶莹剔透的珍珠，散发淡淡光芒。这句诗所构建出来的画面，空灵，寂寥而又博大，又隐隐浮现出无限的孤独感。

"蓝田日暖玉生烟"用的"蓝田日暖"之典，来自中唐戴叔伦论诗歌艺术的评语："诗家美景，如蓝田日暖，良玉生烟，可望而不可置于眉睫之前也。"蓝田指的是陕西蓝田,为著名的产玉之地,日光暖照,仿佛玉石在升出袅袅的烟雾,迷离而又美好。像是曾经的梦想,也像是逝去的妻子,只能遥遥相望,却已经是可望而不可及。

"此情可待成追忆,只是当时已惘然。"曾经那样美好的感情,如今已经成了回忆,当时身在其中,却以为是寻常不过,直到现在想起,才觉得悲伤惘然。对于妻子的逝去,他已经不再悲痛,而是长久的惆怅与忧伤。后来清代著名词人纳兰容若受此启发,写下了"人生若只如初见""当时只道是寻常"等名句。

这首诗实在是精巧绝伦之极,成为李商隐诗作之中的巅峰。钱锺书对此深为赞赏,推为"吾国此体之最杰出者"。

关于这首诗的主题与寓意,历来众说纷纭。我愿意把它认为是李商隐写给妻子的。李商隐往后余生,都会静静怀念着妻子的音容与倩影,他永远记得初次见她时,那少女颊上的一抹明媚笑靥。她成为他心里所有美好的,关于爱情的想象和寄托。

他是真的思念,真的痴情,他并未像那些心口不一的诗人,只是把亡妻当作自己华丽诗篇的素材。他的前辈诗人元稹曾经写过"曾经沧海难为水,除却巫山不是云"这样情真意切、令人泪下的悼亡诗句,转身便又娶了小妾,而李商隐在妻子死后,往后余生,寸寸思念。

李商隐也几乎拒绝了一切觥筹交错的应酬,那些人世间的热闹,已经不再属于他。柳仲郢见他灰心如此,出于关心,想要把一位名叫张懿仙的美貌歌女送给他做妾。

李商隐婉言谢绝了。为了表明心志，李商隐还特别写了一封《上河东公启》，其中说："至于南国妖姬，丛台妙妓，虽有涉於篇什，实不接于风流。况张懿仙本自无双，曾来独立，既从上将，又托英寮。汲县勒铭，方依崔瑗；汉庭曳履，犹忆郑崇。宁复河里飞星，云间堕月，窥西家之宋玉，恨东舍之王昌。诚出恩私，非所宜称。伏惟克从至愿，赐寝前言，使国人尽保展禽，酒肆不疑阮籍。则恩优之理，何以加焉。"

　　他诗中虽然满纸奇葩逸丽，淑质艳光，但他实在是个深情专情之人，并不风流自诩。这篇文里虽然旨在拒绝，但言辞谦逊恳切，且盛赞张懿仙"本自无双"，细说自己乃是"诚出恩私，非所宜称"，让她不至于被拒后脸上无光。这也反映了李商隐心细如发、为人厚道。

李商隐·《杨本胜说于长安见小男阿衮》

闻君来日下，见我最娇儿。渐大啼应数，长贫学恐迟。

寄人龙种瘦，失母凤雏痴。语罢休边角，青灯两鬓丝。

心系子侄｜雏凤清于老凤声

在成都，李商隐时常思念着儿子。大中七年（853年）十月，一名叫作杨筹（字本胜）的年轻人来到东川节度使府任职。

杨筹之前认识李商隐，还可以说是他的粉丝。到了梓州，他便去找李商隐，跟他细细叙说来情。原来，杨筹在长安见到了他的儿子李衮师，年龄幼小的衮师因为思念父母而经常啼哭消瘦。李商隐听了，心如刀割，于是便作下《杨本胜说于长安见小男阿衮》：

> 闻君来日下，见我最娇儿。渐大啼应数，长贫学恐迟。
> 寄人龙种瘦，失母凤雏痴。语罢休边角，青灯两鬓丝。

李衮师自小天资聪颖，李商隐中年得子，对这个儿子疼爱有加，把所有关于未来的希望都放在了儿子身上。早在大中三年（849年）春天，他曾专门为儿子作了一首《骄儿诗》：

衮师我骄儿，美秀乃无匹。文葆未周晬，固已知六七。

四岁知名姓，眼不视梨栗。交朋颇窥观，谓是丹穴物。

前朝尚器貌，流品方第一。不然神仙姿，不尔燕鹤骨。

安得此相谓？欲慰衰朽质。青春妍和月，朋戏浑甥侄。

绕堂复穿林，沸若金鼎溢。门有长者来，造次请先出。

客前问所须，含意下吐实。归来学客面，闹败秉爷笏。

或谑张飞胡，或笑邓艾吃，豪鹰毛崱屴，猛马气佶傈。

截得青篔筜，骑走恣唐突。忽复学参军，按声唤苍鹘。

又复纱灯旁，稽首礼夜佛。仰鞭罥蛛网，俯首饮花蜜。

欲争蛱蝶轻，未谢柳絮疾。阶前逢阿姊，六甲颇输失。

凝走弄香奁，拔脱金屈戍。抱持多反侧，威怒不可律。

曲躬牵窗网，衉唾拭琴漆。有时看临书，挺立不动膝。

古锦请裁衣，玉轴亦欲乞。请爷书春胜，春胜宜春日。

芭蕉斜卷笺，辛夷低过笔。爷昔好读书，恳苦自著述。

憔悴欲四十，无肉畏蚤虱。儿慎勿学爷，读书求甲乙。

穰苴司马法，张良黄石术。便为帝王师，不假更纤悉。

况今西与北，羌戎正狂悖。诛赦两未成，将养如痼疾。

儿当速长大，探雏入虎穴。当为万户侯，勿守一经帙。

西晋诗人左思写过一首《娇女诗》，以一片慈父之心精心刻画两个女儿娇憨可爱之态，传诵一时，明人谭元春评论这首诗说："字字是女，字字是娇女，尽情尽理尽态"。李商隐的《娇儿诗》从标题到内容都很显然是受了左思的《娇女诗》的影响，但是他的笔墨并未仅仅止步于对儿子聪慧可爱的描绘，而是寄托了自己深沉的身世感慨以及对儿子未来的美好期许。《玉溪生诗意》评道："此拟左思《娇女诗》而作，虽不及其曲雅，颇有新颖之句。然胸中先有一段感慨方作也。"

诗作开篇，便着意描写衮师的聪慧过人，掩饰不住的自豪。在李商隐眼中，儿子李衮师的美好灵敏，无人能及。李衮师还是个襁褓中未满周岁的婴儿时，就已经知道数数了。四岁便知道姓甚名谁，不再只顾贪吃。李商隐的朋友们也夸赞这孩子聪明，像是丹穴山的凤凰。如果在重视器貌的魏晋时期，这孩子的品级评定必是第一。他有着神仙般的风姿，也有着燕颔鹤步的贵骨。虽然知道朋友们对儿子如此夸张的夸奖多是出于客气和安慰，但是李商隐的心中依然为此欢喜不已。

不仅如此，还描写了衮师的活泼可爱，甚至顽皮捣蛋。在这美好的春天，孩子们一起快活地玩耍着，绕堂穿林，童声鼎沸。不过门前有大人来访时，衮师便赶紧抢先迎接。客人问他想要些什么，他却笑而不答。等送客回来，他就学客人的样子，进了门，拿着父亲的朝笏，有时嘲笑客人有一把像张飞一样的胡子；有时嘲笑客人像邓艾一样口吃。他有时像雄鹰般展翅耸立，有时又像骏马般气概奇崛，有时砍下青竹，骑上，将它当马一样驰骋，有时又做参军的游戏，压低嗓子呼唤"苍鹘"，或者又走到纱灯旁边，学人叩头礼拜夜佛。他举起鞭子打破蛛网，低下头来啜饮花蜜。看见了蝴蝶就要跟蝴蝶比谁轻盈，看见了柳絮就要和柳絮赛赛迅捷。总而言之，就是欢畅得停不下来。

他在台阶前见到了姐姐，跟她赌赛六甲却老是赌输。他调皮捣蛋，还跑去翻弄梳妆盒，把盒子铰链拉脱。将他抱开，他还挣扎不已，威吓他，依然不能让他驯服。他弯腰去拉开窗户的网格，用口水拭亮琴漆。他看大人临写碑帖，看得聚精会神，腰杆挺直，双膝不动。他拿来古锦，想要将它做成书皮，见到玉轴也想讨要。他请父亲书写春胜，因为春胜最宜春日。春日里的芭蕉像斜卷着的笺纸，辛夷则像小巧的毛笔。

最后则是抒写自身的深沉感慨，寄托对儿子的殷切期望。自己从前喜好读书，十分勤奋刻苦，并著述不少，但如今却憔悴不堪，年近四十，身上消瘦无肉，特别害怕蚤虱叮咬。儿子呀，千万不要学父亲，读书应举求科名甲乙，应去学学司马穰苴的兵法，还有黄石传给张良的战术。只有这样才能做帝王之师，不需要依靠其他细枝末节的学识。何况现在国家的西北处，羌戎正在猖狂叛逆，无论征讨和安抚都并无成效，好比养痈为患终成痼疾。儿子啊，快快长大吧，为探虎子深入虎穴，为国平乱，以功名去博取万户侯，不要死守书斋。

李贺诗中也曾有"男儿何不带吴钩，收取关山五十州。请君暂上凌烟阁，若个书生万户侯。"李商隐才如大海，却无施展平台，于是他便希望儿子不要重复他的老路，希望儿子能崇武，也许会比尚文要走得轻松一点。且国家面临严重边患，身为铁血男儿，理当保家卫国，建功立业，也胜过在书斋之中，怀才不遇，郁郁终老。

只不过，李衮师小时候调皮捣蛋，长大后却也默默无闻，在政治上和文学上都没有什么成就，淹没在史籍之中，与李商隐的期望相去甚远。然而李商隐有一个非常出色的侄儿，那就是晚唐著名诗人韩偓。

　　大中五年（851年）秋末，李商隐赴梓州（州治在今四川三台）入东川节度使柳仲郢幕府做掌书记，韩瞻等人设宴相送。韩瞻的儿子韩偓，小名冬郎，才十岁年纪，却聪明伶俐，下笔能挥洒成文，有神童之称。韩偓为了送别姨夫，在别宴上即席赋诗，惊艳四座。

　　李商隐看着这孩子的诗，笔力老到、文采飞扬，仿佛满纸瑰光闪耀，不由得想起了自己年轻的时候即席赋诗的情景，一时间悲喜交集。他老了，可是后辈却迅速成长起来了，可谓是长江后浪推前浪。可惜衮师并没有韩偓这样的才华和成就。一方面固然是衮师本人天资不如韩偓；另一方面也是因为父亲李商隐在他小的时候就为了生计东奔西走，实在是没有什么时间来好好培养儿子，而韩偓家境优渥，韩瞻也有足够时间来悉心教育儿子，因此就造成了衮师并未成才、韩偓横空出世这样的结果。

　　五年之后，即大中十年（856年），李商隐返回长安，重读韩偓的诗句，感叹十岁孩子竟能有如此成熟老练之文风，于是，他便写了两首七绝《韩冬郎即席为诗相送一座尽惊他日余方追吟连宵侍坐裴回久之句有老成之风因成二绝寄酬兼呈畏之员外》酬答，其一为：

十岁裁诗走马成，冷灰残烛动离情。

桐花万里丹山路，雏凤清于老凤声。

回想当年，在送别的宴席上，蜡烛已经烧残，烛灰也冷却了，让人大起离别之情。就在这个时候，一位小小孩童越位而出，文不加点，一挥而就，就是一篇精彩的诗篇，让在座大人都惊叹不已。李商隐把韩瞻父子比作凤凰，冬郎是雏凤，韩瞻是老凤，雏凤和老凤都在丹山道上满开着梧桐花的梧桐树上鸣叫着，雏凤的声音比老凤的还要清亮圆润呀。"桐花万里丹山路，雏凤清于老凤声"此句新颖不凡，也成为称赞后辈才华的千古名句。

后来韩偓果然成了晚唐的著名诗人，被尊为"一代诗宗"。早期韩偓因生活优渥，擅长写艳情诗，缠绵轻巧，著有《香奁集》等。《香奁集》的序文上所述："柳巷青楼，未尝糠秕；金闺绣户，始预风流"，也有清丽可诵之句。他的文风对宋代的李清照、明代的王彦泓、清代的纳兰容若等著名词人都深具影响。

韩偓除了艳情诗，也作感时诗。那些感时诗几乎是以编年史的方式再现了唐王朝由衰而亡的图景，他曾写出传诵千古的名句《自沙县抵龙溪县道中作》："水自潺湲日自斜，尽无鸡犬有鸣鸦；千村万落如寒食，不见人烟只见花。"

韩偓早早就入朝为官，深受宠信，并且具有政治智慧，仕途也相对平顺，最后在乱世之中得以全身而退。晚年韩偓在葵山（又名黄旗山）

山麓的报恩寺旁建房舍，以为定居之地，时称"韩寓"。梁龙德三年（923年），韩偓病逝，威武军节度使检校尚书左仆射傅实为其营葬，墓在葵山之阳。

无论是在文学上和政治上，韩偓都游刃有余。他才真正实现了当年李商隐的父亲对李商隐的期望，出而治世能臣，隐则悠闲逸士。

李商隐·《暮秋独游曲江》

荷叶生时春恨生，荷叶枯时秋恨成。

深知身在情长在，怅望江头江水声。

寂然离去｜锦帆应是到天涯

大中九年（855年）九月，柳仲郢被调回京城，担任吏部侍郎。李商隐便跟着柳仲郢北上。《水经·漾水注》载："武都秦冈山，悬崖之侧，列壁之上，有神像，若图指状妇人之容，其形上赤下白，世名之曰'圣女神'。"路过大散关时，李商隐见到峭壁上那座端严高贵的圣女像，一下子触动心事。

他想起了很久之前在玉阳山上学道时的日子，想起了与神清骨秀的女道士宋华阳初遇时的岁月，也想起了这些年来的悲欢离合。之前，在开成二年秋，他就曾为圣女像写过"星娥一去后，月姊更来无"的诗句。他还写有一首《圣女祠》：

> 松篁台殿蕙香帏，龙护瑶窗凤掩扉。
>
> 无质易迷三里雾，不寒长著五铢衣。
>
> 人间定有崔罗什，天上应无刘武威。
>
> 寄问钗头双白燕，每朝珠馆几时归。

圣女祠庄严华美，有清幽茂密的松竹环绕，绣着蕙草的帷帐低垂，窗扉门扇上都细细雕刻着龙凤。圣女像则是仿佛笼罩了一层烟雾一般，影影绰绰的美，她的身上，穿着轻薄华美的衣裳。"崔罗什"和"刘武威"都是典故中的人物，泛指风流才俊之士。她在人间有着心心相印的佳偶，在天上却找不到知心伴侣。因此，她也期盼着从天宫回归人间。这首诗多多少少，有对初恋宋华阳的怀念。

往事并不如烟，一切仿佛就发生在昨天，仍然历历在目。他写下了一首《重过圣女祠》：

> 白石岩扉碧藓滋，上清沦谪得归迟。
> 一春梦雨常飘瓦，尽日灵风不满旗。
> 萼绿华来无定所，杜兰香去未移时。
> 玉郎会此通仙籍，忆向天阶问紫芝。

那圣女祠的白石门边生满碧色苔藓，圣女从上清仙境谪落此地迟迟未还。春天里的细雨轻轻飘洒在殿瓦之上，整日里微风细弱吹不动祠中的旗幡。她已经不能如同萼绿华一般来去无定，居无定所，又如杜兰香一般说走就走立时归返。她也曾经与玉郎相会于此，通报仙籍，回忆起那时与他共登天阶，服下紫芝，享受天人无忧之乐。

这首诗意境扑朔迷离，极难索解，诗家历来也是众说纷纭。有人认为是"刺女道士之淫佚"，有人认为是李商隐"全以圣女自况"，也有人认为是怀念宋华阳。我以为这几种感情或者兼而有之。他不仅仅是怀念当时的初恋，更多的是怀念当初无忧无虑的岁月，感怀这些年来的世事沧桑。如果，人生在世，不过是大梦一场，如果待梦醒来，他还是那个玉阳山上十五岁的少年郎，而不是现在这个双鬓星星、满心疲累的中年人，多好。

回到长安，已经是大中十年（856年）初春，柳仲郢被改授兵部侍郎，李商隐暂时在家候职，照顾一双儿女。儿女长大了不少，也很懂事，李商隐颇感安慰，但他心中的隐痛依然挥之不去，因为妻子再也不会回来。这一年暮秋，李商隐独自一人在曲江漫步，看到江上都是枯枝败叶，心中萧瑟，遂作下一首《暮秋独游曲江》：

荷叶生时春恨生，荷叶枯时秋恨成。

深知身在情长在，怅望江头江水声。

荷叶初生时，春恨便已萌生，而荷叶枯萎时，秋恨也已生成。他心中深深明白，只要他此身不灭，对妻子的感情就会永远不变。无奈的是妻子已然离开，纵然有无限遗憾，也只能惆怅地看着那滔滔江水，聆听那如同呜咽一般的水声。

在李商隐初婚前后，他曾作有《荷花》《赠荷花》，以荷花花叶相偎喻生死相依，表达爱情坚贞、白头偕老的期望，他在极度的欢喜之中也隐隐怀着一份恐惧，在盛夏花叶繁华之时害怕秋天花叶凋落的衰败，而妻子死后，他就真正步入了人生之秋。

这期间，李商隐总是长久沉默，长久孤寂。没有了妻子在身边，一切都已经索然无味。这一天，他又觉得惆怅不适，于是独自一人在傍晚时分驱车登上了长安城内地势最高处的乐游原。原本只是为了散心，却不料，一登上被温暖余晖笼罩着的乐游原，他眼前登时大放光明。

他就在那里，独自一人，静静看着夕阳，看着落日一寸寸切割着地平线，看着山凝胭脂、原抹铜黄、浮光跃金，看着眼前无限的辉煌壮阔终于归于黯淡沉静，夜色潮水般涌来。他心潮起伏，无限感伤。回去之后，他写下了一首《登乐游原》：

向晚意不适，驱车登古原。
夕阳无限好，只是近黄昏。

这首诗成了李商隐又一首千古名作，"夕阳无限好，只是近黄昏"一语双关，一方面他无比留恋这美好的人生，但也感到时日无多，另一方面也察觉到了江河日下的唐王朝已经走到了尽头，曾经盛唐气象，万国来朝，光耀四方，而现在却已经穷途末路。

这年十月，柳仲郢以本官兼御史大夫，充诸道盐铁转运使。出于照顾，他给李商隐安排了一个盐铁推官的职位，派他到淮南、扬州一带去稽查盐院的事务。这个职务虽然品阶低，待遇却比较丰厚，正适合李商隐养家。

于是大中十一年（857年），李商隐便又一次离开了长安，告别了一双小儿女，独自动身南下。路过洛阳之时，他特地又去崇让坊王茂元家，在旧居徘徊良久，怀念与妻子的初遇。这时，妻子逝去已经整整六年了。

旧居里的闺房已经加了密锁，台阶上都是绿苔，朦胧月影，阵阵冷风拂来凉寒之意，露水晶莹，凝聚在还未开放的花苞之上。夜晚，只听到蝙蝠在帘中掠过的声息，看到鼠子悄悄翻过窗网。他恍惚间又仿佛见到妻子，她美丽依旧，温柔如昔，和往日一样和他执手在灯下悄语，好像从来就没有离开过他。他似乎还能闻到她身上的幽香，和初见时一般心旌摇曳。

他忽然间回过神来，定睛一看，身边的一切又恢复了冷清寂寥，妻子早已不见踪影。李商隐悲不自胜，写下了一首《正月崇让宅》：

> 密锁重关掩绿苔，廊深阁迥此徘徊。
>
> 先知风起月含晕，尚自露寒花未开。
>
> 蝙拂帘旌终展转，鼠翻窗网小惊猜。
>
> 背灯独共馀香语，不觉犹歌起夜来。

这是他写给妻子的最后一首诗。他对她的爱的确是始终没有变过，"深知身在情长在"，直到生命的最后一刻。

舟车劳顿之后，李商隐终于到达了江南。江南对他来说，其实是一个倍感亲切的地方，他的幼年时光，便是在江南度过，那也是他最快乐的岁月，父亲尚在，母亲慈爱，他和同龄的孩子一样无忧无虑，只要读书和玩耍就够了。江南的风景又是那么旖旎迷人，滋养着一个天性敏感的诗人心灵。如今，历经沧桑的他再来到江南，心境却已经大不一样。他看到的，不再只是风景与人情，而是历代偏安江南一隅的末代君主荒淫误国的历史事件。这期间，他写下了大量文辞隽永、含义深刻的咏史诗，既是咏史，也是喻今。如《隋宫》，咏的便是隋炀帝杨广之事：

> 紫泉宫殿锁烟霞，欲取芜城作帝家。
>
> 玉玺不缘归日角，锦帆应是到天涯。
>
> 于今腐草无萤火，终古垂杨有暮鸦。
>
> 地下若逢陈后主，岂宜重问后庭花？

　　杨广在长安城所修建的隋宫锁闭在烟霞中，却想把扬州作为帝王基地。若不是改朝换代玉玺归了唐高祖李渊，杨广的锦缎龙舟早已驶遍天际。如今腐草中早已没有了萤火虫；隋堤上的杨柳上只有乌鸦悲鸣。杨广在黄泉之下如果遇到同是亡国之君的陈后主，岂会再问起亡国名曲《玉树后庭花》？

　　"于今腐草无萤火，终古垂杨有暮鸦"，说的是关于杨广荒唐的两个具体事件。杨广喜好萤火虫的点点之光，曾在洛阳景华宫征求数斛萤火虫，"夜出游山放之，光遍岩谷"，杨广为此还特别修了个"放萤院"。杨广又极爱柳树，为此还亲赐柳树姓杨，叫杨柳。他在运河沿岸都种上柳树，运河堤岸因此叫隋堤。

又如《北齐二首》，讽刺的是北齐后主高纬宠幸冯淑妃因而亡国之事：

一笑相倾国便亡，何劳荆棘始堪伤。

小怜玉体横陈夜，已报周师入晋阳。

巧笑知堪敌万几，倾城最在著戎衣。

晋阳已陷休回顾，更请君王猎一围。

高纬只知声色犬马，纸醉金迷。他命人将珍珠串成罗衫，将宝石镶嵌在玉辇上，极尽奢华。他宠爱淑妃冯小怜，曾要冯小怜玉体横陈于基隆堂上，并以千金一观的票价，让大臣们排着队前来观赏。高纬还喜欢和冯小怜一起去围猎，欣赏小怜身着戎衣姿色越发倾城的样子。北周攻打平阳之时，"晋州告急。帝将返，淑妃更请杀一围，从之。"后来北齐终于被北周攻陷，高纬和冯小怜都成了阶下囚。这首诗"述而不议、案而不断"，只是以冷峻的事实来表明诗人的批判态度，这也形成了李商隐咏史诗的独特风格。

李商隐又作有咏"安史之乱"的《马嵬二首》：

冀马燕犀动地来，自埋红粉自成灰。

君王若道能倾国，玉辇何由过马嵬。

海外徒闻更九州，他生未卜此生休。

空闻虎旅传宵柝，无复鸡人报晓筹。

此日六军同驻马，当时七夕笑牵牛。

如何四纪为天子，不及卢家有莫愁。

安禄山举旗造反，杀到长安。唐玄宗出逃，被迫杀死最宠爱的杨贵妃，而他自己也因伤心而心灰意冷。如果说唐玄宗真认为杨贵妃具有倾覆邦国之能，那他为什么要逃往马嵬？听说天下九州之外，还有九州，也许他们今生无法再见面，来世或可再续缘分也未可知。唐玄宗当年军队驻扎在马嵬，夜里空闻金柝报更声，不像宫中那样有专门报时的卫士前来报告。唐玄宗眼见六军哗变，杨贵妃已被逼死，念及往事，那时他们在宫中共看牛郎织女，还笑话他们一年只能见一面，转眼间，自己和杨贵妃却已经天人相隔。

李商隐感叹，天子虽然坐拥天下，但是危急时刻却连自己心爱的女子也保护不了，倒不及卢家小富即安，可以让莫愁女自在生活了。他认为，即使是贵为天子，如果连爱人都不能保护的话，还不如做一个平民百姓，至少能护得家小安全。这首诗一反诗人们"红颜祸水"的惯用腔调，而是直接指责和批判唐玄宗，对杨贵妃抱有深切的同情与悲悯。

李商隐在这个职位上也没有待很久。仅仅一年之后，大中十二年（858年），柳仲郢升任刑部尚书，盐铁使一职被其他人担任，李商隐这个盐铁推官也就被罢职了。于是，他便回到故乡闲居养病。他身体的状况已经大不如前，自己也隐隐感到了大限的来临。然而，他才四十八岁，在幕僚中蹉跎半生，太多理想抱负还没有实现，太多才能才华还没有施展，他实在太不甘心。就在这年的萧瑟之冬，他无限寂寥地写下了一首《幽居冬暮》：

> 羽翼摧残日，郊园寂寞时。
>
> 晓鸡惊树雪，寒鹜守冰池。
>
> 急景忽云暮，颓年浸已衰。
>
> 如何匡国分，不与夙心期。

这是一个飞鸟羽翼被摧残的日子，这是一个在郊外园林独自寂寞的时节。晨晓公鸡因被树上雪光所惊而啼叫，鸭子在严寒中守着冰冻的池塘。白昼转瞬即逝，夜晚马上就来临了，如今自己已垂垂老矣，身体衰弱。他本有满腔热血，满怀着济世救民的梦想，而如今这样的夙愿已经不能实现了。

《玉溪生年谱会笺》认为"此诗迟暮颓唐，必晚年绝笔"，这是李商隐在他最后的岁月里，所发出的悲愤之音。

大中十三年（859年）冬，李商隐在家乡静静过世了，享年四十九岁。他死得悄无声息，文坛、政坛没有任何反响。他一生之中写了那么多悼词哀诗，而当他死时，却没有任何人写文来纪念他。连与他齐名的朋友杜牧、温庭筠也是出奇地沉默。

只有年轻诗人崔珏听闻之后，大为悲恸，当即挥笔，写下两首《哭李商隐》：

成纪星郎字义山，适归高壤抱长叹。

词林枝叶三春尽，学海波澜一夜干。

风雨已吹灯烛灭，姓名长在齿牙寒。

只应物外攀琪树，便著霓裳上绛坛。

第一首诗抒发了崔珏对李商隐的思念之情与哀悼之意。成纪郎官李义山身归黄土，让人徒然长叹不已。因他的逝去，诗林枝叶瞬间落尽，学界浪涛一夜枯干。风雨交加已将他的生命之烛吹灭，而他的姓名却定会被人口口相传。他应到世外去攀折玉树，身着彩衣登上仙坛，他本不属于这庸俗人间。崔珏在诗中盛赞李商隐的出色文采，认为他出类拔萃，才华馥比仙。

虚负凌云万丈才，一生襟抱未曾开。

鸟啼花落人何在，竹死桐枯凤不来。

良马足因无主踠，旧交心为绝弦哀。

九泉莫叹三光隔，又送文星入夜台。

第二首诗则是对李商隐命运的悲叹。李商隐虽身怀凌云万丈的高才，但一生都没有找到让他能够施展才华、发出光亮的平台。如今，鸟啼花落，斯人何在；竹死桐枯，凤凰也不再飞来。良马不遇，足因无主而弯曲，旧友痛失，心因断弦而哀鸣。在九泉之下，不用感叹见不到日光、月光和星光吧，又有一颗光芒熠熠的文学之星被送入了阴冥之中。

崔珏的这两首诗，句句出自肺腑，感人至深，尤其"虚负凌云万丈才，一生襟抱未曾开"之句，对李商隐的一生作了高度评价和深刻总结，成为崔珏诗歌之中最光彩照人的诗句。清代梅成栋《精选五七言律耐吟集》评道："后人无数挽词，未能出此。"人生得一知己足矣，若李商隐泉下有知崔珏的这两首挽歌绝唱，也当足以安慰了。

参考文献

[1][唐]李商隐.中国古典诗词名家菁华赏析·李商隐[M].马玮，编.北京：商务印书馆，2014.

[2][唐]李商隐.李商隐诗全集[M].郑在瀛，编.武汉：崇文书局，2015.

[3]董乃斌.锦瑟哀弦：李商隐传[M].北京：作家出版社，2015.

[4][唐]李商隐.李商隐诗集[M].上海：上海古籍出版社，2015.

[5][唐]李商隐.樊南文集[M].[清]冯浩，详注.钱振伦，钱振常，笺注.上海：上海古籍出版社，2015.

[6][唐]李商隐.李商隐诗选译[M].章培恒，安平秋，马樟根，编.陈永正，注.南京：凤凰出版社，2017.

[7]叶嘉莹.迦陵论诗丛稿[M].北京：北京大学出版社，2016.

[8]叶嘉莹.美玉生烟：叶嘉莹细讲李商隐[M].北京：北京大学出版社，2018.

[9]葛晓音.中晚唐古文趋向新议[J].北京大学学报（哲学社会科学版），1987（05）：23-29.

[10]张可.论李商隐的道教情怀[J].社会科学家，2012（S1）：267-270.

[11]孙圣鉴.略论李商隐的"神仙"诗[J].哈尔滨师范大学社会科学学报，2012（06）：74-78.

[12]向铁生，康震.自觉修辞：李商隐诗歌策略试探[J].山西大学学报（哲学社会科学版），2013（01）：53-58.

[13]刘青海.论李商隐今古文创作经历及其文体观念[J].北京大学学报（哲学社会科学版），2013（05）：80-88.

[14]张超男.李商隐《柳枝五首》诗中柳枝身份考论[J].南华大学学报（社会科学版），2014（01）：108-111.

[15]吴变.王昌龄、李商隐诗中的女性形象研究[J].山东广播电视大学学报，2014（02）：68-71.

[16]叶嘉莹，刘靓.从西方文论与中国诗学谈李商隐诗的诠释与接受[J].北京社会科学，2014（06）：4-28.

[17]郑培凯.李商隐诗的朦胧意趣[J].书城，2017（02）：5-15.

[18]景红录.李商隐的幕府生涯及其影响研究[J].河南工业大学学报（社会科学版），2017（02）：46-51.

[19]刘青海.李商隐"元气自然论"及其尚真、任情的诗歌思想[J].文学评论，2017（06）：48-57.

[20]曹渊，仲晓婷."晚唐异味"发生论——以杜牧、李商隐、温庭筠为中心[J].中国韵文学刊，2018（04）：21-28.

[21]刘秀科，宋琳琳.李商隐无题诗朦胧美形成的原因浅析[J].文教资料，2019（33）：9-10.

[22]张宏锋.《红楼梦》引李商隐诗释论[J].明清小说研究，2020（03）：118-126.

[23]王志清.解密李商隐[J].博览群书，2020（03）：80.

[24]高艺文.从明清诗话看李商隐诗作特点[J].长江丛刊，2020（03）：60-61.

[25]张自华.论温庭筠、李商隐的咏史诗及其淑世情怀[J].武陵学刊，2020（01）：108-112.

[26]上官国风.李商隐诗歌中的光影书写[J].中国诗歌研究，2021（02）：114-129.

[27]刘嘉娟.比较文学视阈下的李商隐诗心探微[J].名家名作，2021（01）：154-155.

[28]况晓慢.李商隐古文思想内蕴及对其骈文写作之影响[J].河北大学学报（哲学社会科学版），2022（05）：100-107.

[29]胡丽娜.晚唐诗人李商隐诗歌的禅宗美学意蕴研究[J].文化学刊，2022（12）：227-230.

[30]李谟润，王捷翔."堕蝉"与"栖鸟"：李商隐禅意的人生书写[J].文艺评论，2022（04）：61-68.

[31]杨晓霭，王震.杜甫和李商隐的"黄昏"[J].古典文学知识，2022（03）：29-35.

附录 |《旧唐书·李商隐传》原文及翻译

李商隐,字义山,怀州河内人。曾祖叔恒,年十九登进士第,位终安阳令。祖俌,位终邢州录事参军。父嗣。

商隐幼能为文。令狐楚镇河阳以所业文干之年才及弱冠楚以其少俊深礼之令与诸子游。楚镇天平、汴州,从为巡官,岁给资装,令随计上都。开成二年,方登进士第,释褐秘书省校书郎,调补弘农尉。会昌二年,又以书判拔萃。

王茂元镇河阳,辟为掌书记,得侍御史。茂元爱其才,以子妻之。茂元虽读书为儒,然本将家子,李德裕素遇之,时德裕秉政,用为河阳帅。德裕与李宗闵、杨嗣复、令狐楚大相雠怨,商隐既为茂元从事,宗闵党大薄之。时令狐楚已卒,子绹为员外郎,以商隐背恩,尤恶其无行。俄而茂元卒,来游京师,久之不调。会给事中郑亚廉察桂州,请为观察判官、检校水部员外郎。大中初,白敏中执政,令狐绹在内署,共排李德裕逐之。亚坐德裕党,亦贬循州刺史。商隐随亚在岭表累载。

三年入朝，京兆尹卢弘正奏署掾曹，令典笺奏。明年，令狐绹作相，商隐屡启陈情，绹不之省。弘正镇徐州，又从为掌书记。府罢入朝，复以文章干绹，乃补太学博士。会河南尹柳仲郢镇东蜀，辟为节度判官、检校工部郎中。大中末，仲郢坐专杀左迁，商隐废罢，还郑州，未几病卒。

商隐能为古文，不喜偶对。从事令狐楚幕。楚能章奏，遂以其道授商隐，自是始为今体章奏。博学强记，下笔不能自休，尤善为诔奠之辞。与太原温庭筠、南郡段成式齐名，时号"三十六体"。文思清丽，庭筠过之。而俱无持操，恃才诡激，为当涂者所薄。名宦不进，坎壈终身。

弟羲叟，亦以进士擢第，累为宾佐。商隐有表状集四十卷。

（节选自《旧唐书》）

译文：

李商隐，字义山，怀州河内（今河南沁阳）人。曾祖李叔恒，十九岁中进士第，官位终于安阳（今属河南）县令。祖父李捕，官位终于邢州（今河北邢台）事参军。父亲李嗣。

李商隐自幼便能写文章。令狐楚出镇河阳（今河南孟县），李商隐以所作文章投献他，当时刚到二十岁。令狐楚因为他是少年俊才，深加礼敬，让他和读书的诸生交游。令狐楚镇守天平（今山东东平）、沛州（今河南开封），李商隐跟随为巡官，（令狐楚）每年给他衣食，让他随考核官吏到上都（今陕西西安）。开成二年（837年），（李商隐）才中进士第，脱去布衣担任秘书省校书郎，补任弘农（今河南灵宝）县尉。会昌二年

（842年），他又以书判考中拔萃科。

王茂元镇守河阳，起用他为掌书记，担任侍御史，王茂元爱他的才华，把女儿嫁给他为妻。王茂元虽然读书为儒者，但原本是武将的后代，（加之）李德裕平时待他就很好，当时李德裕掌权，就起用他担任河阳主帅。李德裕和李宗闵、杨嗣复、令狐楚相互间仇怨很深。李商隐成为王茂元的僚属以后，李宗闵之党很鄙薄他。当时令狐楚已经死了，他儿子令狐绹为员外郎，因为李商隐的背恩负义，尤其嫌恶他无品行。不久，王茂元死了，李商隐来游京师，但朝廷久久不给安排职务。正碰上给事中郑亚任桂州（今广西桂林）廉察使，聘请他为观察判官检校水部员外郎。大中（847—860年）初年，白敏中掌执朝政，令狐绹在内署，共同排挤李德裕，并逐出京师。郑亚因为属李德裕之党，也被贬为循州（今广东惠阳）刺史。李商隐随郑亚在岭南多年。

大中三年（849年）入朝，京兆尹卢弘正奏请李商隐为椽曹，让他管草写笺奏，第二年，令狐绹做宰相，李商隐几次上启陈说内心苦衷，令狐绹不予理睬。卢弘正出镇徐州（今属江苏），李商隐又跟随去任掌书记。后罢徐州府职又入朝，他以文章拜谒令狐绹，于是补他为太学博士。正遇河南（今河南洛阳）府尹柳仲郢镇守东蜀，用他为节度判官、检校工部郎中。大中（847—860年）末年，柳仲郢因为擅自杀人，被贬官，李商隐也随之罢废，回郑州（今属河南），没多久也就病死了。

李商隐能写古文，不喜欢讲究对仗。在令狐楚幕中任职时，令狐楚能写章奏，遂即将他的写作经验传授给李商隐，从这时始他才写今体带对偶的章奏。李商隐博学强记，写文章时下笔不休，尤其擅长撰写诔文和奠文。他和太原（今属山西）温庭筠、南郡段成式同时齐名，当时号为三十六体。文思清丽，温庭筠超过他，但（他们）都不能坚守节操，仗着自己的才能，（行为）怪异偏激，被当权者鄙薄，（因而）得不到有名官宦的推荐，终身（仕途）坎坷。

他弟弟李羲叟，也进士及第，累任宾佐。李商隐有表状集四十卷。